SUE BENTLEY

Les chiots et les chatons magiques

Traduit de l'anglais
par Christine Bouchareine

Illustrations d'Angela Swan

POCKET JEUNESSE
PKJ·

L'auteur

La plupart des livres de Sue Bentley évoquent le monde des animaux et celui des fées. Elle vit à Northampton, en Angleterre, et adore lire, aller au cinéma, et observer grenouilles et tritons qui peuplent la mare de son jardin. Si elle n'avait pas été écrivain, elle aurait aimé être parachutiste ou chirurgien, spécialiste du cerveau. Elle a rencontré et possédé de nombreux chats qui ont à leur manière mis de la magie dans sa vie.

Publié pour la première fois en 2007 et 2008 par Puffin Books,
département de Penguin Books, Ltd, Londres.

Loi n° 49-956 du 16 juillet 1949 sur les publications
destinées à la jeunesse : juin 2013.

ISBN 978-2-266-23823-6

Avis de recherche

As-tu vu ce chaton ?

Flamme est un chaton magique de sang royal, et son oncle
Ébène est très impatient de le retrouver.
Flamme est difficile à repérer, car son poil change
souvent de couleur, mais tu peux le reconnaître
à ses grands yeux vert émeraude et à ses moustaches
qui grésillent de magie !

Il est à la recherche d'un ami qui prendra soin de lui.

Et s'il te choisissait ?

Si tu trouves ce chaton très spécial, merci d'avertir
immédiatement Ébène, le nouveau roi.

Prologue

Un terrible rugissement fit sursauter le jeune lion blanc. Il avait espéré pouvoir rentrer chez lui en toute sécurité, cette fois-ci. Apparemment, il s'était trompé. Il devait réagir, et vite !

Sa fourrure se couvrit d'étincelles, un éclair aveuglant en jaillit… et il se métamorphosa en un minuscule chaton persan bleu.

Un vieux lion gris sortit du fond de la grotte obscure.

— Prince Flamme ! Vous n'auriez jamais dû revenir. Il faut vous cacher !

— Trop tard, Cirrus. Oncle Ébène est là ! miaula le chaton d'une voix tremblante.

Cirrus le prit dans sa large patte et le dissimula derrière des rochers.

Un crissement déchira le silence. Le cœur battant, Flamme entendit Ébène aiguiser ses griffes sur la pierre. Une lueur de colère étincela dans ses grands yeux vert émeraude.

— Un jour, je reprendrai le trône à cet imposteur ! miaula-t-il bravement.

— Et vous serez un bien meilleur souverain, je n'en doute pas, mon prince, déclara Cirrus, le museau plissé par un sourire.

Il donna un coup de langue affectueux sur la tête du chaton.

Une silhouette menaçante obstrua l'entrée de la grotte. Un énorme lion noir leva la tête et huma l'air.

— Qui est là ? gronda-t-il en secouant sa crinière. Montrez-vous !

— Vite, Flamme, partez ! siffla Cirrus entre ses dents. Conservez votre apparence de chaton et cachez-vous dans l'autre monde. Vous reviendrez quand vous aurez grandi en force et en sagesse !

Des étincelles brillèrent dans la fourrure bleutée du petit persan. Il poussa un miaulement et se sentit tomber… tomber… tomber…

1

— Je ne rêve pas ! Je suis réellement au Clos des Cygnes ! murmura Audrey Godard en poussant la porte du vestiaire.

Elle venait d'enfiler son justaucorps tout neuf lorsqu'un groupe de filles entra en chahutant. Elles semblaient avoir le même âge qu'elle, dix ans environ.

Audrey sourit à la plus proche d'entre elles, une petite blonde aux yeux bleus.

— Bonjour, je suis nouvelle. Je crois que je suis dans ta classe.

— Ah bon ! répondit la blonde. Et il fait beau, là-haut ?

Les autres élèves éclatèrent de rire.

Audrey ne se démonta pas ; elle avait l'habitude qu'on la taquine sur sa taille.

— Je ne sais pas, j'ai la tête dans les nuages, plaisanta-t-elle. Et en bas, quel temps fait-il ?

— Tu l'as bien cherché, Lucie ! s'esclaffa une des filles pendant que la blonde se détournait, vexée.

La porte s'ouvrit à la volée. Une rousse aux cheveux flamboyants s'engouffra dans le vestiaire et laissa tomber son sac sur le banc, à côté d'Audrey.

— Ouf ! J'ai eu chaud ! dit-elle tout essouflée, avec un sourire radieux. Le bus était en retard. Ça m'apprendra à ne pas vouloir être pensionnaire, comme tout le monde. Bonjour ! Je m'appelle Mélissa.

— Moi, c'est Audrey.

Mélissa était une grande fille mince au teint clair parsemé de taches de rousseur. Elle sentait le chewing-gum à la menthe.

— Bienvenue au Clos des Cygnes ! continua-t-elle en extirpant un justaucorps froissé et une paire de vieilles jambières de son sac. Toi aussi, tu es externe ?

— Non, interne. Ma mère vient juste de me déposer. Je n'ai même pas eu le temps de défaire mes bagages. Je ne voulais pas manquer ma première heure de cours. C'est déjà assez difficile d'arriver en plein milieu de trimestre.

— J'imagine, acquiesça Mélissa. Tu as fait la connaissance des autres ?

— Seulement de Lucie… mais on ne peut pas dire qu'elle ait été très agréable.

Mélissa leva les yeux au ciel.

— Tu m'étonnes ! chuchota-t-elle. Elle se prend pour le nombril du monde. Ne t'occupe pas d'elle.

Audrey éclata de rire, ravie d'avoir enfin rencontré une fille sympathique.

Mais Lucie n'avait pas dit son dernier mot… Elle se tourna en ricanant vers sa voisine, une jolie brune aux yeux en amande.

— Oh, regarde, Maéva ! J'hallucine ! Frisette a fait amie-amie avec la girafe !

Audrey sentit son cœur se serrer en voyant Mélissa rougir et ramasser ses boucles folles en chignon.

— Moi, je trouve tes cheveux magnifiques, protesta-t-elle, espérant que la remarque vexante de Lucie ne découragerait pas la seule fille qui s'était montrée gentille avec elle.

— Merci, Audrey, répondit Mélissa. Mais j'avoue qu'ils sont un peu volumineux. J'utilise des tonnes de gel pour ne pas les avoir constamment dans la figure.

— J'ai le même problème, soupira Audrey, soulagée de constater que sa nouvelle amie ne se laissait pas abattre par les méchancetés de Lucie.

Mélissa lui tendit un tube.

— Tiens, essaie ça !

— Merci.

Audrey déposa un peu de gel dans sa paume et l'étala sur ses épais cheveux bruns. En un rien de temps, elle put les rouler en chignon. Elle s'assit pour nouer ses chaussons de danse.

— N'oublie pas de rentrer les bouts, lui conseilla Mélissa. Mlle Juliette déteste les rubans qui pendent. Elle appelle ça des oreilles de cochon ! Bon, je suis prête. On y va ?

La salle de danse était vaste et lumineuse. Très impressionnée, Audrey contempla le plancher ciré, les trois murs couverts de miroirs, la double barre qui les longeait, le piano dans l'angle et la dame assise devant.

Une femme petite, le dos bien droit, fit son entrée.

— Voici Mlle Juliette, chuchota Mélissa.

Juliette Chausson avait été la danseuse étoile d'une célèbre compagnie de ballets. Il y avait une photo d'elle dans le rôle de Giselle, dans le livre sur la danse classique qu'Audrey avait reçu pour ses dix ans.

— Bonjour, mesdemoiselles. Au travail ! lança le professeur en faisant signe à la pianiste.

Les élèves se mirent à la barre et commencèrent les pliés.

Ces exercices familiers détendirent aussitôt Audrey. Elle les pratiquait depuis l'âge de quatre ans. Elle savait que même les plus grands danseurs devaient les effectuer quotidiennement.

Mlle Juliette examinait les élèves l'une après l'autre, corrigeant la position d'une jambe ou d'un bras. Quand elle arriva au niveau d'Audrey, elle fronça les sourcils. Elle fit un geste vers le piano et la musique se tut aussitôt.

— Vous ! Venez ici ! ordonna-t-elle.

Audrey avala sa salive et s'avança vers le centre de la salle.

— Vous êtes nouvelle, n'est-ce pas ? Comment vous appelez-vous ?

— Audrey Godard. C'est… c'est mon premier jour.

Le professeur la dévisagea d'un œil sévère.

— Alors pourquoi n'êtes-vous pas venue vous présenter ? C'est impoli de se glisser dans mon cours sans un mot.

— Moi, je dirais plutôt qu'elle a débarqué comme un éléphant dans un magasin de porcelaine, ricana Lucie derrière elle.

Audrey fit celle qui n'avait rien entendu.

— Je suis désolée, mademoiselle. Je… je n'y ai pas pensé, bafouilla-t-elle, le visage écarlate.

— Bon, n'en parlons plus. Où avez-vous pris des cours de danse ? continua Mlle Juliette d'une voix radoucie.

Audrey lui répondit et précisa qu'elle pratiquait deux heures par semaine.

— Eh bien, ce sera désormais deux heures par jour. La danse classique est un art très exigeant. Préparez-vous à travailler dur.

— Je suis prête, mademoiselle. Voilà pourquoi j'ai choisi cette école, déclara Audrey d'un ton enthousiaste.

Une lueur d'approbation réchauffa les yeux du professeur.

— Très bien. Retournez à la barre que je vous voie danser.

Audrey reprit sa place. Elle sentait tous les regards fixés sur elle, en particulier ceux de Lucie et de Maéva. Mélissa lui fit un clin d'œil pour l'encourager.

Mlle Juliette lui dicta ses instructions. Audrey inspira profondément et se jeta à l'eau. Au bout de quelques minutes, emportée par l'amour de la danse, elle oublia tout le reste. Quand Mlle Juliette lui dit d'arrêter, elle était en nage et commençait à sentir la fatigue.

— Vous avez un bon style mais votre technique peut encore être améliorée, déclara le professeur. Faites une pause et allez vous rafraîchir.

— Merci, mademoiselle, répondit Audrey d'une voix lasse avant de courir vers le vestiaire.

Elle s'était donnée corps et âme. Apparemment, il en fallait plus pour impressionner Mlle Juliette.

Audrey se passa le visage sous l'eau en songeant à la matinée éprouvante qu'elle venait de vivre. Le Clos des Cygnes lui paraissait subitement très différent du paradis qu'elle avait imaginé. Avec un gros soupir, elle s'essuya la figure. Soudain, elle aperçut un éclat argenté du coin de l'œil. Elle pivota sur elle-même.

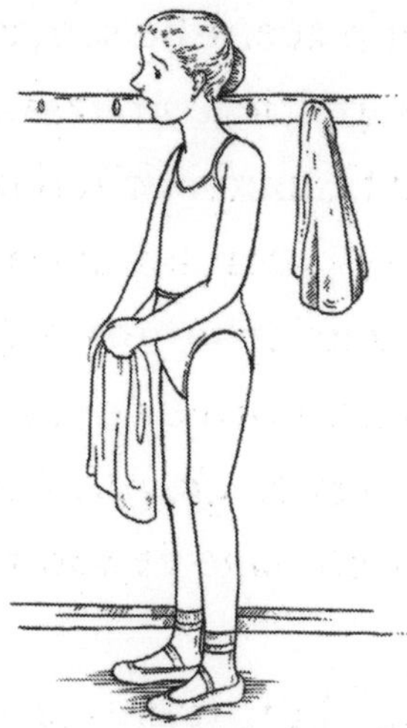

— Oh ! s'écria-t-elle en clignant des paupières.

Au fond de la salle des douches était tapi un minuscule chaton persan bleu, avec une tête toute ronde et d'extraordinaires yeux vert émeraude. Sa fourrure et ses moustaches semblaient briller de milliers d'étoiles.

Audrey se frotta les yeux avec la serviette. À l'évidence, elle avait trop dansé et maintenant elle avait des visions ! Elle regarda de nouveau. Les étincelles avaient disparu mais le chaton était toujours là. Il appartenait peut-être au pensionnat. Elle se pencha vers lui.

— Bonjour ! Que tu es beau ! N'aie pas peur. Je ne te ferai pas de mal, murmura-t-elle d'une voix douce en tendant la main pour le caresser. Comment tu t'appelles ?

— Je suis le prince Flamme, miaula le chaton. Pourrais-tu m'aider ?

2

Audrey faillit tomber à la renverse. Elle retira sa main précipitamment et, stupéfaite, examina l'animal.

— Tu… tu as vraiment parlé ? s'exclama-t-elle en s'assurant d'un coup d'œil circulaire qu'elle était seule.

Ça ne l'aurait pas étonnée que Lucie lui joue un nouveau tour.

Le chaton tremblait de tous ses membres. Néanmoins, il s'assit bien droit et redressa ses oreilles. Malgré sa petite taille, il ne semblait pas impressionné par Audrey.

— Oui, je parle. Et je suis Flamme, l'héritier du Trône du Lion. Et toi, qui es-tu ?

— Je… je suis Audrey Godard, bégaya-t-elle, sa curiosité l'emportant sur sa frayeur. D'où viens-tu ?

— J'ai l'apparence d'un chat mais en fait je viens d'un autre monde, très éloigné de celui-ci.

— Quoi ? Tu es un extraterrestre ? Alors à quoi ressembles-tu en réalité ? Non ! Je ne veux pas savoir, ajouta-t-elle précipitamment, l'imaginant en monstre hérissé de tentacules.

Trop tard ! Un nouvel éclair l'aveugla. Quand elle rouvrit les paupières, elle découvrit à la place du chaton un lionceau à la fourrure blanche étincelante.

Elle recula de surprise.

— C'est toi, Flamme ?

Le lion l'observa de ses yeux vert émeraude et hocha la tête. Et sans lui laisser le temps d'ajouter un mot, il disparut dans une pluie d'étincelles, aussitôt remplacé par le chaton.

— Oh ! là, là ! Tu es bel et bien un lion royal ! s'écria Audrey, aussi soulagée qu'impressionnée. Mais pourquoi as-tu besoin de moi ?

— C'est à cause de mon oncle Ébène. Il est très puissant et m'a volé mon trône. Et il a lancé ses espions à mes trousses pour me tuer.

— Te tuer ? répéta-t-elle, horrifiée.

— Oui. Je dois me cacher. Alors, tu veux bien m'aider ?

Elle s'attendrit devant le minuscule chaton : elle savait ce que c'était de se sentir seul.

— J'aimerais beaucoup te protéger, Flamme, malheureusement les animaux sont interdits dans cette école, murmura-t-elle en se mordillant la lèvre. Je n'ai même pas de chambre à moi. Nous sommes huit dans mon dortoir. Comment pourrais-je te cacher ?

Flamme inclina sa tête ronde.

— Je sais me rendre invisible. Personne ne me verra à part toi.

— Eh bien, dans ce cas… tu peux venir vivre avec moi, dit-elle en le prenant dans ses bras. Et je ne laisserai personne te faire du mal ! Le seul problème, c'est que je dois retourner danser, sinon le prof va se demander où je suis passée. Alors il faut te rendre invisible tout de suite, d'accord ?

Flamme ne répondit pas, cependant, ses moustaches crépitèrent et sa fourrure angora brilla d'étincelles qui pétillèrent sous les doigts d'Audrey. Elle sentit un picotement lui parcourir le dos, une sensation étrange mais pas désagréable.

— Voilà ! Tu es la seule à pouvoir me voir, à présent, déclara gaiement le chaton tandis que les dernières étincelles se dissipaient. Merci, Audrey.

— Tout le plaisir est pour moi. Je me demande comment Mélissa réagira quand je lui raconterai ça.

Flamme se raidit. Il posa une patte suppliante sur sa joue.

— Non ! Tu ne dois parler de moi à personne !

— Vraiment ? Je t'assure que Mélissa n'est pas comme les autres. C'est un amour !

— Je suis désolé. Tu ne dois rien dire. Promets-le-moi, Audrey.

Elle hésita. Mélissa avait été si gentille. Elle s'en voulait de lui dissimuler cette rencontre incroyable. Hélas, elle n'avait pas le choix si elle voulait garder Flamme.

— Très bien. C'est promis. Tu seras mon secret. Mon chaton magique secret !

3

Audrey regagna la salle de danse, Flamme sur ses talons. Il repéra aussitôt le piano et s'installa confortablement dessus.

Bien qu'il fût invisible, Audrey craignait que quelqu'un ne le remarque. Au bout d'un moment, elle finit par se détendre.

Mlle Juliette faisait travailler Mélissa.

— Concentrez-vous ! Gardez les jambes serrées et ne basculez pas vers l'arrière, Mélissa. Imaginez une ligne droite qui va du sommet de votre tête au bout de vos orteils.

Audrey regarda Mélissa exécuter un battement fondu d'une fluidité parfaite et fut très impressionnée par son équilibre et son élégance. Elle réussit même à lever son pied pointé au-dessus de la seconde barre.

— Ben quoi ! T'as jamais rien vu ? souffla Lucie à son oreille. Ils ne connaissent que la danse des canards, dans ta campagne ?

— Tu parles, ils doivent encore avoir des sabots, ricana Maéva.

— Vous avez de la chance que je n'en porte pas maintenant ! riposta Audrey, se sentant plus courageuse, à présent qu'elle avait Flamme comme ami.

Les deux pestes s'écartèrent prudemment.

— Vous allez travailler par deux jusqu'à la fin du cours ! ordonna Mlle Juliette. Choisissez une partenaire. Audrey, mettez-vous avec Mélissa.

Audrey observa Flamme. Il suivait le moindre de ses mouvements. Que dirait Mlle Juliette si elle apprenait qu'un chaton magique assistait à sa leçon ?

À onze heures, quand le cours prit fin, les élèves se tournèrent vers Mlle Juliette et exécutèrent une gracieuse révérence avant de se précipiter au vestiaire.

— Tu viens ? lança Mélissa à Audrey.

— Je te rejoins, répondit celle-ci en faisant semblant de rattacher le ruban de son chausson.

Dès que la salle fut vide, elle alla prendre Flamme dans ses bras.

— Alors, tu as aimé ce premier cours de danse classique ?

— C'était très intéressant mais j'ai trouvé tes mouvements étranges. Tu t'entraînes à te battre, Audrey ?

Elle éclata de rire.

— Non, je veux devenir ballerine.

— Qu'est-ce que c'est ?

— Une danseuse d'un genre particulier. On porte des costumes incroyables et on danse sur scène devant beaucoup de monde. J'ai un livre magnifique rempli de photos de danseurs célèbres. Je te le montrerai.

— Avec plaisir.

Elle entra dans le vestiaire. Flamme se glissa sous un banc pour faire sa toilette pendant que les filles se rhabillaient.

— Nous avons des cours normaux jusqu'à la leçon de danse de cet après-midi, annonça Mélissa en boutonnant sa jupe. Je te retrouve en classe. Je file aux toilettes.

— D'accord.

Audrey s'accroupit discrètement pour parler à Flamme à voix basse.

— Il vaudrait mieux que tu te mettes dans mon sac.

— Bonne idée, dit le chaton en obéissant aussitôt.

— Tu peux être fière de toi ! lança une voix familière dans son dos.

Audrey finit d'installer Flamme confortablement

sur ses livres et ses affaires de danse avant de se retourner.

— Je ne comprends pas ce que tu veux dire, Lucie.

— Arrête ! Je t'ai vue traîner après le cours pour te faire bien voir de Mlle Juliette !

— N'importe quoi ! J'attendais juste… que… que…

Audrey s'interrompit à temps. Elle avait bien failli dévoiler son secret.

— Tu n'es qu'une sale petite lèche-bottes ! dit Lucie en lui arrachant son sac.

— Eh ! Rends-moi ça tout de suite !

Hargneuse, Lucie le jeta de toutes ses forces à travers le vestiaire.

— Non ! hurla Audrey en voyant son sac s'envoler avec Flamme à l'intérieur.

Elle bondit pour le rattraper lorsqu'un picotement familier lui parcourut le dos et l'arrêta net dans son élan.

Il allait se passer quelque chose d'étonnant et Flamme n'y était pas étranger !

Le sac ralentit, resta suspendu en l'air une fraction de seconde avant de revenir à toute allure sur Lucie ! Paf ! Il la percuta en pleine poitrine.

— Ohhh !

Lucie bascula en arrière, s'affala sur le banc et disparut sous les vêtements qui se décrochèrent des portemanteaux au-dessus de sa tête.

— Aaargh ! Sortez-moi de là ! hurla-t-elle en agitant les jambes.

Audrey ramassa son sac et se précipita dans le couloir.

— Flamme, ça va ? Tu n'as pas de mal ?

— Je suis en pleine forme, ronronna-t-il.

— Ouf ! Oh, tu as été génial ! s'exclama-t-elle. Si tu avais vu la tête de Lucie quand le sac lui est revenu dessus !

Au même moment, elle entendit des éclats de voix derrière elle.

— Je ne sais pas ce qui s'est passé, mais cette lèche-bottes ne perd rien pour attendre ! vociféra Lucie.

4

Au bout d'une semaine, Audrey finit par s'adapter au rythme de l'école. Les deux cours de danse quotidiens l'avaient épuisée au début. Toutefois, les exercices conseillés par Mlle Juliette pour renforcer ses pieds et ses chevilles l'aidèrent beaucoup.

Audrey s'asseyait toujours à côté de Mélissa en cours et à la cantine. Comme elles étaient les deux plus grandes filles de la classe, Mlle Juliette les mettait souvent ensemble. Audrey se sentait réconfortée par cette amitié naissante.

Hélas, Mélissa n'était pas pensionnaire et rentrait chaque soir chez elle. Heureusement qu'Audrey avait Flamme ! Elle mourait d'envie de parler à son amie du chaton magique, mais une promesse était une promesse.

Le temps tourna à la pluie. Du coup, Audrey et Flamme durent renoncer à leurs longues promenades dans le parc. Comme elle n'aimait ni la télévision ni les jeux vidéo, Audrey prit l'habitude de se rendre à la salle pour s'entraîner.

— Je vais t'aider, lança un soir le chaton, en la voyant travailler ses extensions.

Un nuage d'étincelles l'enveloppa et elle faillit recevoir sa jambe tendue en pleine figure.

— Non, Flamme ! protesta-t-elle en se retenant de rire. Je dois y arriver seule !

— Je suis désolé, s'excusa-t-il, penaud.

— Ce n'est pas grave. Tu voulais bien faire, le rassura-t-elle en le caressant. Et il est temps d'arrêter. J'avais terminé de toute façon.

En montant au dortoir, elle croisa Lucie et Maéva qui l'ignorèrent, comme d'habitude, ce qui l'arrangeait.

— Je crois que tu as donné une bonne leçon à Lucie, dit-elle plus tard à Flamme pendant qu'il se blottissait sur sa couette.

— Je n'en suis pas si sûr ! soupira-t-il d'une voix ensommeillée.

À la fin du cours de danse, le lendemain, Mélissa rejoignit Audrey alors qu'elles sortaient de la salle.

— Mlle Juliette est très satisfaite de toi.

— Comment le sais-tu ? Elle m'adresse à peine la parole.

Mélissa sourit.

— Je la connais. Elle te regarde quand tu as le dos tourné et je l'ai même surprise à sourire.

— C'est vrai ?

Audrey se sentit toute fière. Peut-être ses efforts portaient-ils leurs fruits. Elle baissa les yeux vers Flamme qui marchait à côté d'elle et lui sourit. Elle commençait à beaucoup se plaire dans cette école.

— Audrey ! l'appela Mlle Juliette. Dès que vous serez changée, vous viendrez avec moi chercher des chaussons.

La fillette crut que son cœur allait cesser de battre. Cela ne pouvait signifier qu'une chose : elle allait avoir sa première paire de pointes !

Mélissa lui sauta au cou dès qu'elles arrivèrent dans le vestiaire.

— J'en étais sûre ! Bravo ! J'ai eu mes pointes l'an dernier. Et, pour la première fois, je me suis sentie une vraie danseuse !

Audrey attendit que tout le monde soit parti puis elle mit Flamme dans son sac.

— Allons rejoindre Mlle Juliette. Qu'est-ce que je suis contente ! lui chuchota-t-elle.

Flamme fut fasciné par le magasin de chaussons de

danse. Il sautait sur le comptoir et reniflait les rangées de ballerines colorées.

Sous le regard vigilant de Mlle Juliette, l'employée mesura les pieds d'Audrey. Puis vint l'instant merveilleux où elle choisit une boîte sur une étagère. Intimidée, Audrey en souleva doucement le couvercle et sortit de superbes chaussons de satin rose, aux bouts renforcés et aux semelles intérieures gravées de lettres d'or.

— Félicitations. Recevoir sa première paire de pointes est un grand moment pour une jeune danseuse. Alors, savourez-le bien, Audrey, vous l'avez mérité, murmura Mlle Juliette.

— Merci, répondit Audrey, les yeux brûlants de fierté et de bonheur.

Après avoir vérifié qu'ils lui allaient bien, Audrey fut autorisée à emporter ses chaussons. De retour au dortoir, elle s'assit sur son lit pour y coudre des rubans. Flamme, installé sur l'appui de la fenêtre, l'observait avec intérêt.

— Tu vois comme c'est ravissant ? s'exclama-t-elle en soulevant une pointe.

Flamme bondit à côté d'elle et tapota le chausson de sa petite patte, intrigué.

— Pourquoi vous attache-t-on ça aux pieds ? C'est pour vous punir ?

Audrey éclata de rire et le prit sur ses genoux.

— Non, c'est pour nous permettre de danser sur l'extrémité de nos orteils, sur les pointes, quoi ! Cela nous fait paraître plus légères, plus élancées.

— Les humains ont vraiment de drôles d'idées ! gloussa le chaton en étirant ses griffes. Moi, je ne me couvrirai jamais les pattes !

— Oui, il vaut mieux ! s'esclaffa Audrey en imaginant Flamme avec de minuscules chaussons de danse.

Le lendemain, quand elle commença ses exercices à la barre avec ses nouveaux chaussons aux pieds, elle se sentit grandir d'un coup. Il s'écoulerait encore beaucoup de temps avant qu'elle ne puisse vraiment danser sur les pointes, mais elle venait de franchir une étape importante dans son rêve de devenir ballerine !

5

— À demain, Mélissa !

Après avoir accompagné son amie à la grille, Audrey se dirigea vers le parc. La soirée était belle et elle avait emporté son livre sur les ballets, décidée à trouver un endroit isolé pour le lire tranquillement avec Flamme. Elle s'engagea sur un petit chemin bordé de platebandes tandis que le chaton courait après les feuilles, jouait avec des brindilles ou sautait en l'air pour attraper un bourdon.

— Attention à ne pas te faire piquer ! le mit-elle en garde alors qu'il plongeait au milieu d'un massif de fleurs d'où ne dépassaient plus que sa queue et le bout de ses oreilles.

Quand il réapparut quelques secondes plus tard, le museau poudré de pollen, elle éclata de rire.

— Ah, si tu te voyais !

Le soleil couchant baignait la pelouse d'une lueur dorée ainsi que le vieux puits en pierre qui se dressait en son centre. Après la pluie des derniers jours, il s'était formé des flaques en bas de la pente.

— Ici, ce sera parfait, murmura Audrey en s'asseyant à un endroit où le sol était sec.

Flamme sauta sur ses genoux et se pelotonna contre elle en ronronnant d'aise.

Elle ouvrit son livre et feuilleta les pages de papier glacé. Elle connaissait toutes les photos par cœur, mais cela l'amusait de les montrer au chaton.

— Là, tu vois, c'est Marie-Agnès Gillot, une de mes danseuses étoiles préférées. Elle est grande, comme moi. La voilà dans le rôle d'Aurore, dans *La Belle au bois dormant*. Et là, c'est Aurélie Dupont, fabuleuse dans…

Audrey était tellement captivée par sa lecture qu'elle ne vit pas Lucie et Maéva qui venaient vers elle.

— Oh, te voilà toute seule maintenant que Mélissa est rentrée chez elle ! s'exclama Lucie d'un ton moqueur.

— La pauvre ! Elle n'a pas d'amies ! renchérit Maéva.

— Je préfère encore être seule que mal accompagnée, marmonna Audrey.

Lucie s'approcha et la toisa.

— Tu te crois très forte, hein ?

— Qu'est-ce que je gagne si je donne la bonne réponse ? ironisa Audrey.

Les yeux plissés, Lucie lui arracha son livre, projetant brutalement Flamme dans les platebandes. Heureusement, il retomba sur ses pattes sans le moindre mal. Rassurée sur son sort, Audrey se leva d'un bond pour affronter Lucie.

— Rends-moi ça tout de suite !

— Prends-le donc !

Lucie fit semblant de le lâcher, puis le rattrapa au dernier moment par la couverture, et les feuilles claquèrent d'un coup sec.

— Si tu l'abîmes, tu m'en paieras un autre ! Et je te préviens, il a coûté très cher.

— Elle a raison, intervint Maéva. C'est un beau livre. Tu ferais mieux de le lui rendre.

— T'occupe ! Suis-moi, j'ai une idée.

Audrey poussa un cri en la voyant courir vers le bas de la pente, devinant déjà la suite.

Lucie brandit le livre au-dessus de sa tête.

Audrey sentit un picotement le long de sa colonne vertébrale. Le temps sembla s'arrêter. Elle vit alors un nuage de paillettes surgir des platebandes. Une petite patte apparut. Un éclair bleuté fendit l'air et frappa le livre à l'instant où Lucie le jetait dans une flaque. Le livre ne bougea pas. Déséquilibrée par son poids, Lucie faillit plonger en avant. Elle secoua le bras, essayant désespérément de se débarrasser de l'encombrant objet.

— Au secours, Maéva ! On dirait qu'il est collé !

Maéva saisit l'autre côté du livre et tira de toutes ses forces… impossible de libérer son amie. Elle s'écarta, entraînant Lucie avec elle.

— Lâche-moi ! hurla Lucie.

— Je suis prise, moi aussi ! se lamenta Maéva.

Elles avançaient en crabe, tout en se débattant pour se dégager.

Toute contente, Audrey se pencha vers Flamme.

— Et elles vont rester longtemps scotchées comme ça ?

— Jusqu'à ce que tu touches le livre.

Bien que très tentée de les abandonner à leur sort, Audrey s'avança vers les deux filles.

— Je crois que c'est à moi, grommela-t-elle en reprenant son bien.

Déstabilisées, Maéva et Lucie basculèrent en arrière et s'étalèrent de tout leur long dans les flaques.

— Quoi... qu'est-ce qui s'est passé ? bredouilla Lucie, couverte de boue, ses cheveux blonds plaqués sur son visage, qui ressemblait ainsi à une grosse bouse.

Maéva se redressa, dégoulinante.

— Regarde dans quel état je suis ! Si tu ne lui avais pas piqué ce bouquin, ça ne serait jamais arrivé !

— Oh, viens m'aider à me relever au lieu de te plaindre ! cria Lucie.

— Débrouille-toi !

Les laissant se disputer, Audrey s'éloigna, suivie de Flamme qui trottinait derrière elle en semant des étincelles dans son sillage.

6

— J'ai une grande nouvelle, déclara Mlle Juliette quelques jours plus tard. Vous danserez la Valse des guirlandes du premier acte de *La Belle au bois dormant*, à notre spectacle de fin de trimestre.

Audrey et Mélissa échangèrent un sourire de satisfaction.

— C'est un de mes ballets préférés, murmura Audrey, enchantée.

— Moi aussi, renchérit Mélissa, folle de joie. Je me demande comment seront nos costumes.

L'excitation des élèves monta encore d'un cran lorsque Mlle Juliette sortit des échantillons de mousseline pastel et de délicates fleurs en tissu.

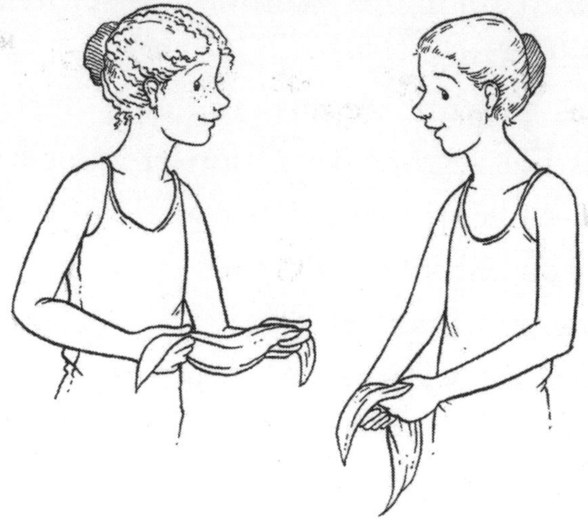

— Venez choisir la couleur de vos costumes. Vous porterez des tutus classiques et des diadèmes assortis, qui seront confectionnés dans notre atelier.

Les filles se précipitèrent. Audrey eut le coup de foudre pour une soie jaune pâle et une guirlande de boutons de roses. Mélissa préféra une soie gris pâle semée de myosotis.

— Tu te rends compte ! s'exclama-t-elle. Nous allons avoir des costumes sur mesure, comme de véritables danseuses étoiles !

Pendant que Mélissa et les autres élèves réglaient les derniers détails de leur costume, Audrey traversa la salle pour rejoindre Flamme qui se prélassait au soleil sur le piano.

— Mes parents seront vraiment fiers de moi quand ils me verront dans mon premier ballet ! lui chuchota-t-elle. J'ai hâte d'être à ce soir pour le leur annoncer au téléphone. Pas toi ?

Flamme opina doucement.

— J'espère que je serai encore là pour te voir danser.

— Qu'est-ce que tu racontes ? Bien sûr que tu seras là ! Où veux-tu aller ?

— Si jamais mes ennemis...

— Mesdemoiselles ! s'écria Mlle Juliette d'une voix forte qui couvrit la fin de la phrase de Flamme. En place pour les premiers pas, s'il vous plaît.

— Il faut que j'y aille, Flamme. On en reparlera après le cours.

Audrey repartit en se mordillant la lèvre. Elle savait que Flamme devrait un jour la quitter, mais elle ne pouvait supporter cette idée.

Elle oublia ses préoccupations devant la difficulté des premiers pas de la Valse des guirlandes. Si Mélissa les comprit tout de suite, Audrey mit un certain temps à les assimiler.

— Reprenez, mesdemoiselles ! ordonna Mlle Juliette. Vous devez tenir vos bras ainsi !

Elle leur fit répéter inlassablement l'enchaînement des figures. Chaque mouvement devait être parfait, la tête comme ci, le pied comme ça... Mlle Juliette se montrait plus exigeante que jamais. D'habitude, Audrey adorait son cours, pourtant, ce jour-là, elle ne fut pas mécontente quand il se termina.

Alors qu'elle se penchait pour faire sauter Flamme dans son sac, elle esquissa une grimace de douleur.

— Qu'est-ce qui t'arrive ? dit-il.

— J'ai mal aux pieds.

— Tu veux que je m'en occupe ?

Elle sourit.

— Merci, Flamme. Mais il faut bien que mon corps s'habitue à l'effort. Je dois m'endurcir. C'est le métier qui rentre. Ne t'inquiète pas pour moi. J'adore cette école. J'ai franchement beaucoup de chance d'être ici. Je ne voudrais rien changer à ma vie et tu en fais partie !

Elle décida de ne plus évoquer son départ, il avait l'air si heureux avec elle.

Après une semaine de répétitions accompagnées par le piano, Mlle Juliette les fit travailler sur un CD de la Valse des guirlandes. Audrey découvrit avec surprise qu'il était très différent de danser sur une musique d'orchestre. Il leur fallut tout reprendre à zéro.

Les élèves suivaient désormais les cours en tutus pour s'habituer à danser en costume. Un matin, à la fin de la leçon, Audrey s'apprêtait à retirer le sien lorsque Mlle Juliette les rappela.

— Cette valse se danse sur deux rangs, leur annonça-t-elle. La rangée du fond sera composée de…

Elle énuméra quelques noms parmi lesquels ceux de Lucie et Maéva.

— Et devant, nous aurons Audrey, Mélissa…

Audrey faillit pousser un cri de joie. Elle n'en revenait pas. Elle ! Au premier rang !

— Tu as entendu, Mélissa ? C'est génial, non ? se réjouit-elle en remettant son tutu sur le portant.

Mélissa reposa sa bouteille d'eau, s'essuya les lèvres et sourit.

— Tu as travaillé dur. Tu l'as bien mérité.

— Personne ne me verra avec la girafe qui gigotera devant nous ! claironna Lucie.

Mlle Juliette fronça les sourcils.

— Je place toujours les danseuses qui ont la meilleure technique au premier rang. Si vous voulez les rejoindre, travaillez davantage ! Audrey s'est entraînée tous les soirs. Vous devriez peut-être en faire autant.

Rouge comme une tomate, Lucie se pencha vers Maéva.

— Je ne peux plus supporter cette lèche-bottes ! J'espère qu'elle attrapera la varicelle pour que je lui prenne sa place.

Audrey fit celle qui n'avait pas entendu. Mais elle était blessée. Elle aurait beau faire, Lucie et Maéva ne l'aimeraient jamais.

— C'est la vie ! soupira-t-elle. C'est comme pour les ampoules aux pieds… il faut s'y faire !

7

— Plus que quelques jours et le trimestre sera fini. C'est incroyable comme le temps a passé vite. J'ai hâte de vous retrouver. Au revoir, maman. Embrasse papa de ma part.

Audrey raccrocha le téléphone et se tourna vers Flamme en souriant.

— Mes parents sont fous de joie. Je leur ai dit que nous avions commencé les répétitions sur scène. Ils meurent d'impatience de voir le spectacle. Pourvu que je ne les déçoive pas !

— Tout ira bien. Tu travailles tellement.

— Merci, Flamme, dit-elle en lui gratouillant les oreilles.

Un groupe de filles traversa le hall.

— Salut, Audrey, lança l'une d'elles. Nous allons voir une vidéo de *Casse-Noisette*. Tu veux venir ?

Audrey adorait ce ballet, mais elle devait sortir le chaton. Il était resté enfermé toute la journée car elle s'était encore entraînée après les cours.

— Merci. Je vous rejoindrai plus tard si ça ne vous ennuie pas. J'ai vraiment besoin de prendre l'air.

— D'accord. À plus tard !

— Tu viens, Flamme ? Tu dois mourir d'envie de te dégourdir les pattes.

Il ne se le fit pas dire deux fois et la suivit joyeusement dans le parc. Audrey longea les courts de tennis déserts. La plupart des élèves étaient rentrées chez elles pour le week-end, à part celles qui habitaient très loin, comme elle.

Tout était calme. Audrey aperçut des roses dans un massif. Alors qu'elle se penchait pour les sentir, Flamme se lança à la poursuite d'un énorme pigeon.

— Tu n'as aucune chance de l'attraper, s'esclaffa-t-elle en le regardant grimper sur un arbuste. Il est plus gros que toi !

Elle traversa la pelouse, passa devant le vieux puits et s'assit sur un banc, un peu plus bas, en attendant que Flamme la rejoigne.

Elle observa un écureuil quelques minutes, puis, ne voyant pas arriver le chaton, elle décida de partir à sa recherche.

— Flamme ! appela-t-elle doucement en revenant sur ses pas. Où es-tu ?

Pas le moindre miaulement.

Elle scruta les buissons, écarta les branches. Aucune trace du chaton. Où pouvait-il bien être ? Et si ses ennemis l'avaient retrouvé ? Peut-être l'avaient-ils blessé… ou pire !

Soudain, elle entendit des miaulements de détresse qui provenaient de la pelouse. Le cœur battant à cent à l'heure, Audrey courut en direction des appels.

Elle retint un cri en découvrant ses deux ennemies : Lucie tenait Flamme à bras-le-corps. Il se débattait en

poussant des miaulements désespérés. Captivé par sa chasse au pigeon, il avait dû oublier de rester invisible! Et maintenant, il ne pouvait plus avoir recours à ses pouvoirs magiques.

— Arrête de te tortiller comme ça! s'énerva Lucie en le secouant.

Audrey fonça sur elle, folle de rage.

— Lucie, pose Fla… pose ce chaton par terre! Tu ne vois pas que tu lui fais mal!

— De quoi tu te mêles, la girafe? Il n'est pas à toi.

« Si! » faillit-elle répondre.

— Donne-le-moi tout de suite! hurla-t-elle.

— Fichons le camp! jeta Lucie à Maéva, avant de détaler à toutes jambes.

Audrey se lança à ses trousses.

Elle gagnait du terrain lorsque Lucie, se sentant rattrapée, s'arrêta brutalement devant le puits et tendit Flamme au-dessus de la grille qui fermait l'ouverture.

Le chaton passait largement entre les barreaux.

— Recule ou je le lâche! cria-t-elle à Audrey.

Celle-ci s'arrêta net.

— T'as pas intérêt à faire ça!

Les yeux de Lucie étincelèrent.

— T'approche pas. Il m'arrive de drôles de choses quand t'es près de moi.

Flamme miaula de terreur.

— Je t'en prie, ne lui fais pas de mal ! supplia Audrey. Écoute, tout ce que je te demande, c'est de poser ce chaton. J'ai rien contre toi.

— Rends-le-lui, Lucie, la pressa Maéva. Comme ça, c'est elle qui devra se charger de rechercher son propriétaire et nous, on pourra aller voir la vidéo.

— Bouclez-la, vous deux ! brailla Lucie.

Audrey sentit sa gorge se serrer. Lucie avait une expression méchante. Que faire ? Les idées se précipitaient dans son esprit.

— Je... je te propose un marché. Je t'échange mon livre contre le chaton.

Lucie hésita.

— C'est vrai ? Jure-le sur la tête de ce chat !

— Je le jure, déclara Audrey d'un ton solennel.

— Tu es témoin, Maéva, fanfaronna Lucie. Et toi, la girafe, t'as intérêt à tenir ta promesse si tu ne veux pas que je dise à tout le monde que t'es une menteuse et une tricheuse.

— Pas de problème. Et tu n'as qu'à aller chercher le livre toi-même. Il est dans le placard, près de mon lit.

Lucie s'écarta lentement du puits et colla Flamme dans les bras d'Audrey.

— Tiens ! Qu'est-ce que tu crois, je l'aurais jamais jeté. Je t'ai bien eue. J'espère que tu mettras des heures à retrouver son propriétaire. Viens, Maéva, je monte au dortoir chercher mon nouveau livre !

Les deux filles décampèrent.

Audrey serra Flamme contre elle. Son petit cœur battait à toute vitesse.

— Calme-toi. Tu es en sécurité, maintenant, le rassura-t-elle d'une voix douce.

Il posa sa petite patte sur sa joue.

— Merci, Audrey, tu m'as sauvé la vie. Je regrette pour ton beau livre.

— Ça n'a pas d'importance. Tu comptes infiniment plus pour moi que ce bouquin. J'ai failli mourir de peur quand cette folle a menacé de te jeter dans le puits !

8

— On nous distribue nos costumes pour la répétition ce matin ! annonça joyeusement Audrey en prenant Flamme dans ses bras. Dire que le spectacle a lieu dans deux jours… Je n'en reviens pas !

— Moi aussi. Ça fait déjà plusieurs semaines que je suis avec toi et je n'ai pas vu le temps passer.

— Je me demande si les espions de ton oncle n'auraient pas abandonné leurs poursuites. Peut-être que tu pourras rester avec moi pour toujours.

Flamme leva vers elle son doux regard.

— Ce n'est pas possible, Audrey. Mon destin doit s'accomplir dans mon univers.

— Je sais, soupira-t-elle, incapable d'accepter l'idée qu'il la quitterait un jour.

Mélissa se trouvait déjà à l'atelier lorsqu'ils y arrivèrent.

— J'adore cet endroit ! s'exclama-t-elle en montrant les énormes rouleaux de satin, de mousseline et de velours de toutes les couleurs de l'arc-en-ciel.

Audrey posa discrètement Flamme sur un banc. Il sauta par terre, contourna une dame assise devant une machine à coudre et s'installa près d'une costumière qui cousait des paillettes à la main sur un tutu bleu ciel.

Audrey eut le souffle coupé quand elle vit son costume. Le bustier en soie jaune pâle comportait de fines bretelles brodées de boutons de roses, et le tutu, recouvert de plusieurs épaisseurs de mousseline crème. Le diadème secomposait d'une large bande de perles de cristal.

— Oh ! Il est encore plus beau que je ne l'imaginais ! s'extasia-t-elle en le mettant devant elle.

Mélissa serrait dans ses bras son tutu gris perle.

— Le mien est superbe aussi. J'ai hâte d'être à la répétition !

Après que les autres danseuses eurent récupéré leurs costumes, la troupe se rendit au théâtre de l'école où les attendait Mlle Juliette.

— Fantastique ! s'écria Audrey en découvrant la scène.

Tout était presque prêt pour le spectacle. Une toile de fond sombre constellée de petites lumières figurait un ciel étoilé. Et le décor coloré représentait l'intérieur d'un château de conte de fées.

La répétition fut à la fois excitante et épuisante car Mlle Juliette se montra encore plus sévère que d'habitude. Audrey avait beau se concentrer sur sa chorégraphie, à la seule idée de devoir bientôt danser devant une salle comble, elle sentait son estomac se retourner.

La répétition terminée, Mlle Juliette leur décocha un de ses rares sourires.

— C'était très bien. Allez vite vous changer, mesdemoiselles. Je vous reverrai cet après-midi.

Audrey arriva au cours en avance et en profita pour travailler ses pointes à la barre. Mélissa la rejoignit et s'échauffa à son tour.

— Je viens de voir Lucie avec ton livre dans la salle de jeux, dit-elle d'un ton préoccupé. Elle m'a dit que tu le lui avais donné.

— C'est vrai, confirma Audrey, ennuyée de ne pouvoir lui avouer la vérité.

— Mais pourquoi ? Tu la détestes ! Enfin, tu ne me dois aucune explication mais je peux t'aider à le récupérer, si tu veux.

— Merci, Mélissa, mais ça n'a plus d'importance maintenant.

Elle jeta un regard furtif vers la boule de poils couchée sur le piano. Seul Flamme comptait pour elle désormais.

Mlle Juliette frappa dans ses mains.

— En place, mesdemoiselles ! Nous allons répéter une dernière fois la Valse des guirlandes. Je veux que tout soit parfait pour demain.

Alors que toutes attendaient les premiers accords de la musique, la porte de la salle s'ouvrit et une vieille dame aux cheveux noirs entra en s'appuyant sur une canne en argent.

Mlle Juliette s'empressa de lui avancer une chaise.

— C'est Nina Svetlova ! chuchota Mélissa. La fondatrice de l'école !

— Elle va sans doute nous donner un cours ! murmura Audrey en dévisageant l'ancienne danseuse étoile si célèbre en son temps.

Nina tapa sur le plancher avec sa canne.

— Musique !

Elle étudia tour à tour chaque élève avec attention, corrigeant l'une ou l'autre quand il le fallait.

— Non, non, ce n'est pas comme ça ! rugit-elle soudain en pointant sa canne sur Lucie. Vous êtes trop raide. Arrondissez les bras. Levez la tête et souriez !

Rouge comme une tomate, Lucie pinça les lèvres. Nina se tourna ensuite vers Audrey. Celle-ci dansa de toute son âme, essayant d'oublier le regard critique qui l'observait.

— Parfait ! la félicita Nina quand elle eut terminé. C'est ainsi que cette valse doit être exécutée !

Elle tendit l'index vers Lucie.

— Vous feriez bien de suivre son exemple ! s'exclama-t-elle.

Un murmure parcourut la salle. Puis le cours s'acheva et les élèves regagnèrent le vestiaire. Maéva avait glissé un bras autour des épaules de Lucie qui sanglotait.

— Eh bien, moi qui trouvais Mlle Juliette sévère, c'est une crème à côté de Mlle Svetlova ! murmura Audrey. Elle nous a fait reprendre la valse au moins cent fois ! Et quel savon elle a passé à Lucie ! J'en avais de la peine pour elle.

Mélissa haussa les épaules.

— C'est sa faute. Elle ne fait aucun effort. Nous, heureusement, on s'en est bien sorties !

Audrey hocha la tête, soudain emplie de fierté. Elle mourait d'impatience d'appeler ses parents pour leur raconter que la célèbre Nina Svetlova leur avait donné un cours !

9

Audrey se réveilla le lendemain matin, l'estomac noué par le trac.

— C'est le grand jour ! Mes parents vont bientôt arriver, chuchota-t-elle à Flamme. Et ce matin, nous avons l'ultime répétition en costume.

Elle se leva d'un bond et courut se préparer. Flamme, qui la suivait partout d'habitude, ne bougea pas du lit.

— Debout, paresseux ! le taquina-t-elle. Tu ne veux pas venir avec moi ?

Flamme tourna vers elle un regard anxieux.

— Je crois que je vais rester ici.

— Qu'est-ce que tu as ? Tu ne te sens pas bien ? dit-elle aussitôt inquiète.

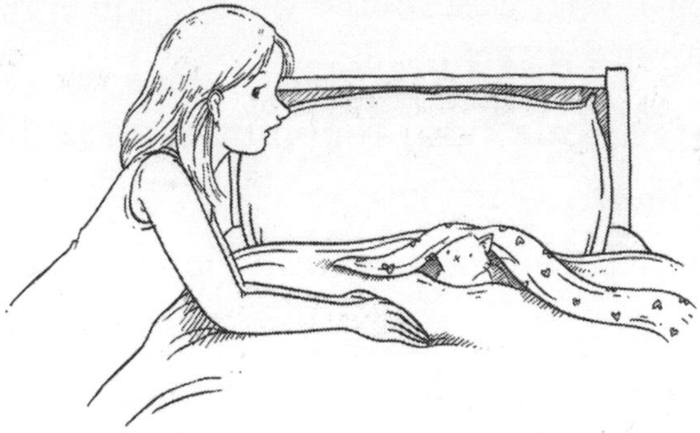

— Mes ennemis rôdent dans les parages, chuchota-t-il en frissonnant. Si je me tiens tranquille, ils passeront peut-être sans me voir.

— Oh, non !

Elle avait tant redouté ce moment ! Mais elle craignait encore plus qu'il n'arrive malheur à son merveilleux chaton.

— Dans ce cas, pas question que je te laisse. Je vais dire que j'ai mal au ventre…

— Non, cela risquerait d'attirer l'attention sur moi. Et tu ne peux pas manquer une répétition aussi importante.

Il avait raison. Audrey se sentait déchirée.

— D'accord, j'y vais. Mais je remonterai te voir régulièrement. Tu… tu ne vas pas partir tout de suite ?

bredouilla-t-elle, désespérée à l'idée qu'il disparaisse sans qu'elle lui dise au revoir.

— J'espère que non, répondit-il en se blottissant dans la couette.

Audrey descendit à son cours, le cœur lourd.

— Ça ne va pas ? s'exclama Mélissa dès qu'elle vit la mine préoccupée d'Audrey.

— Non, tout va bien, mentit-elle en faisant un terrible effort pour se reprendre.

Elle réussit à chasser ses inquiétudes et à se concentrer sur ses pas. Cependant, à peine la répétition terminée, elle se précipita au dortoir.

Flamme était sur le palier, les oreilles dressées, la queue droite comme un « i ». Non seulement elle ne lut plus aucune frayeur dans ses yeux d'émeraude mais il l'accueillit par un miaulement de joie.

— Flamme ! J'avais tellement peur que tu sois parti !

— Mes ennemis ne m'ont pas vu. Ils reviendront peut-être mais, dans l'immédiat, je suis à l'abri du danger.

Audrey se pencha pour le caresser.

— Oh, que je suis contente ! Viens. C'est bientôt l'heure du déjeuner. Allons te chercher quelque chose de délicieux à manger !

Avec un nouveau miaulement plein d'entrain, Flamme lui sauta dans les bras.

Audrey était assise dans la salle de jeux avec Mélissa. Flamme s'était blotti contre elle, invisible. Les cours avaient fini plus tôt et l'école entière était en ébullition, prise par les derniers préparatifs du spectacle.

Audrey ne tenait plus en place. Elle n'arrêtait pas de se lever et d'arpenter la pièce. Flamme, gagné par sa nervosité, ne la quittait pas d'un pas.

— Quelle heure est-il ? demanda-t-elle à Mélissa.

— Il n'y a pas cinq minutes que tu m'as posé cette question.

— Désolée, je déteste attendre. Si seulement j'avais quelque chose à faire !

— Nous sommes censées nous détendre. Puis aller nous maquiller et nous habiller dans une heure.

— Cette inactivité me mine. J'ai l'impression d'avoir un poids sur l'estomac ! Je vais voir si mes parents sont arrivés.

— Bonne idée ! Tu dois être impatiente de les retrouver. À tout à l'heure !

En se demandant comment Mélissa pouvait rester aussi calme, Audrey fit grimper Flamme dans son sac et se rendit au parking. Hélas, la voiture de ses parents n'était pas encore là.

— Oh, ils ne devraient pas tarder, dit-elle à Flamme. Retournons à l'intérieur.

Flamme lui répondit par un petit miaulement ensommeillé.

Audrey mit la main dans son sac et le caressa doucement. Elle s'engagea dans un couloir et se rendit compte qu'elle se dirigeait vers l'atelier des costumes. Avec un peu de chance, elle pourrait apercevoir le sien. Alors qu'elle passait devant une pièce habituellement fermée, elle remarqua que la porte était grande ouverte. La salle était remplie de portants chargés de costumes fabuleux.

— Oh, regarde, c'est le mien ! s'exclama-t-elle en tendant la main vers un tutu jaune pâle.

Au moment où elle prenait le cintre, un mouvement attira son attention. Une grande ombre glissait sur le mur du couloir derrière elle.

— Il n'est pas loin, je le sens ! gronda une voix cruelle.

Audrey se raidit. C'étaient les ennemis de Flamme !

10

Sans hésiter, elle fit demi-tour et s'engouffra dans une réserve derrière la salle des costumes.

— Flamme ! Il faut t'en aller ! Tout de suite ! souffla-t-elle en ouvrant son sac. Je viens de voir les espions de ton oncle. Ils arrivent !

Le chaton poussa un miaulement de surprise et sauta du sac, la fourrure hérissée, les oreilles couchées. Un éclair éblouissant illumina la pièce et Audrey sentit une pluie d'étincelles retomber autour d'elle.

Elle cligna des yeux, à moitié aveuglée. Quand elle les rouvrit, Flamme avait disparu.

Elle resta pétrifiée, refusant de croire à ce qui

venait de se passer. Flamme l'avait quittée sans même lui dire au revoir !

Elle sortit dans le couloir, bouleversée, et courut vers la salle des costumes. Lucie et Maéva venaient justement chercher les leurs. Audrey fronça les sourcils. Elle croyait se souvenir que le tutu de Lucie était violet, alors que faisait-elle avec ce tutu jaune pâle dans les mains ? Elle s'approcha. Maéva sursauta en l'apercevant et donna un coup de coude à Lucie. Celle-ci se retourna, la mine coupable.

Il fallut un moment à Audrey pour se rendre compte que Lucie tenait une paire de ciseaux. Et qu'il y avait deux grandes entailles sur le devant de son bustier !

Elle poussa un cri d'horreur. Cependant, au lieu d'éprouver de la colère, elle ne ressentit que de la peine et une grande lassitude. Maintenant que Flamme était parti, tout lui était égal. Elle fondit en larmes.

Le visage de Maéva se décomposa.

— Je suis vraiment désolée, murmura-t-elle.

Lucie lâcha le costume et les ciseaux.

— Je voulais juste couper les fleurs, mais les ciseaux ont dé… dérapé… bredouilla-t-elle. Tu ne le diras pas à Mlle Juliette, hein ? Sinon, je me ferai renvoyer.

— Fiche le camp et ne t'approche plus jamais de moi ! sanglota Audrey.

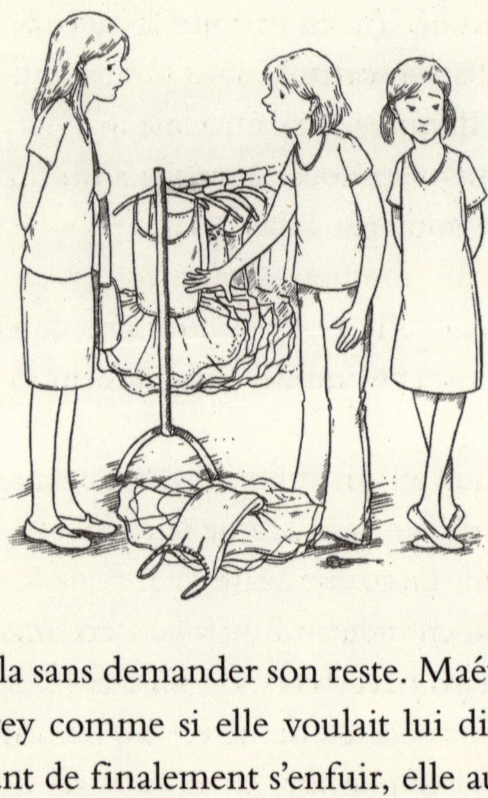

Lucie fila sans demander son reste. Maéva hésita et fixa Audrey comme si elle voulait lui dire quelque chose, avant de finalement s'enfuir, elle aussi.

Audrey ramassa son costume. Il était trop tard pour essayer de réparer les dégâts, en admettant que ce fût possible. Une chose était sûre – elle ne pouvait plus participer au spectacle.

Soudain, elle sentit un picotement familier lui parcourir le dos. Elle entendit un crépitement et se retourna lentement.

— Flamme ! Tu es encore là ! s'écria-t-elle en voyant le chaton sortir de sous le portant.

Ses yeux d'émeraude étincelaient.

— J'ai envoyé mes ennemis sur une fausse piste. Mais ils ne sont pas loin. Je n'ai pas beaucoup de temps.

Elle s'agenouilla pour le prendre dans ses bras, tellement heureuse qu'elle crut que son cœur allait exploser.

— Oh, que je suis contente de te revoir !

— Je voulais te voir danser, miaula-t-il en frottant sa petite tête ronde contre sa joue.

— Comment veux-tu que je… commença-t-elle avec un regard navré vers son bustier lacéré.

Flamme leva la patte. Il en jaillit une nuée de paillettes qui tombèrent sur le tutu tel du talc. Les coups de ciseaux disparurent comme par magie. La soie chatoyait, intacte.

— Il est encore plus beau qu'avant ! s'extasia Audrey. Oh, Flamme, merci beaucoup !

— Tout le plaisir était pour moi. Allez, c'est l'heure de te préparer, je crois, ajouta-t-il avec un grand sourire qui découvrit ses minuscules dents pointues.

Audrey se tenait sur la scène à côté de Mélissa, l'esprit vide, persuadée d'avoir oublié tout ce que Mlle Juliette lui avait enseigné.

Son cœur s'emballa quand retentirent les premières mesures de la Valse des guirlandes. Lentement, le rideau se leva.

Elle prit une profonde inspiration et s'élança. Elle eut l'impression que ses pieds se mouvaient tout seuls tandis qu'elle traversait la scène parfaitement en mesure avec les autres danseuses. Sous les projecteurs, le décor peint ressemblait à un paysage féerique. Audrey dansa de toute son âme, complètement envoûtée. Hélas, déjà s'égrenaient les dernières mesures. Les jeunes danseuses exécutèrent une révérence gracieuse, saluées par un tonnerre d'applaudissements.

Audrey, à la recherche de ses parents, scruta les visages ravis des spectateurs. En vain… il y avait trop de monde.

La musique changea et Audrey sortit derrière ses camarades. Dès qu'elles furent en coulisses, Mélissa la serra dans ses bras.

— Alors, c'était incroyable, non ?

— Fabuleux ! Comme dans un rêve !

Mlle Juliette surgit de l'ombre.

— Bravo ! Je suis très fière de vous deux.

Audrey et Mélissa en restèrent sans voix.

Décidément, elles allaient d'étonnement en étonnement, songea Audrey en réprimant un rire. Mlle Juliette était métamorphosée !

— J'ai une merveilleuse nouvelle à vous annoncer. Nina Svetlova a été si impressionnée quand elle vous a vues en cours qu'elle a recommandé de vous faire passer dans la classe supérieure dès le prochain trimestre !

— C'est fantastique ! s'écria Mélissa.

Les deux amies se prirent par la main et dansèrent de joie.

Soudain, Lucie et Maéva apparurent derrière elles.

— Je ne sais pas comment elle a fait pour raccommoder son costume si vite, marmonna Lucie.

Avisant Audrey et Mélissa en compagnie de Mlle Juliette, elle les dévisagea d'un regard soupçonneux.

— De… de quoi parles-tu avec Mlle Juliette ? s'enquit-elle d'un ton mielleux.

— Oh, je te rassure, tu n'es pas le centre du monde, Lucie ! rétorqua Audrey. Mélissa, je te charge de les mettre au courant ! ajouta-t-elle avant de s'éloigner, pressée de retrouver Flamme.

Au moment où elle longeait la réserve des accessoires, derrière les coulisses, Audrey fut éblouie par un éclair aveuglant et une pluie d'étincelles. Un jeune lion blanc se dressa devant elle, accompagné d'un majestueux fauve gris.

Flamme leva son énorme patte en un geste d'adieu. Elle comprit que, cette fois, il partait pour de bon.

— Porte-toi bien, sois forte et continue à danser de toute ton âme, Audrey, murmura-t-il de sa voix de velours avant de disparaître avec son compagnon.

— Je ne t'oublierai jamais, Flamme, murmura-t-elle, le cœur gros.

Elle avait eu au moins la chance de le revoir une dernière fois.

— Audrey, ma chérie ! Tu as été prodigieuse !

Audrey tourna la tête et vit ses parents qui se précipitaient vers elle, rayonnants de fierté.

— Maman ! Papa ! Vous ne devinerez jamais ce que Mlle Juliette vient de m'annoncer ! cria-t-elle en se jetant dans leurs bras.

Les chiots magiques

Au poney-club

Mon petit Foudre chéri,

Tu as été si courageux depuis que tu as échappé aux griffes du cruel Ténèbre !

Ne t'inquiète pas pour moi, je me cache en attendant le jour où tu seras assez fort pour prendre la tête de notre meute. Tu dois continuer de fuir Ténèbre et ses espions. S'il découvrait cette lettre, il n'hésiterait pas à la détruire.

Cherche un ami sincère, quelqu'un qui t'aidera à accomplir la mission que je vais te confier. Écoute-moi attentivement, c'est très important : tu dois toujours

Sache que tu n'es pas seul. Aie confiance en tes amis, et tout ira bien.

Ta maman qui t'aime,

Perle-d'Argent.

Prologue

Foudre se glissa dans la grotte en gémissant. Au-dessus du jeune loup au poil argenté, les étoiles brillaient dans le ciel.

Soudain, un hurlement strident déchira la nuit.

— Ténèbre ! s'exclama Foudre, tremblant de frayeur.

Le loup solitaire qui avait attaqué la meute de la Lune Griffue approchait. Foudre devait se transformer, et vite !

Un éclair déchira l'obscurité, et une pluie d'étincelles dorées illumina un bref instant le fond de la caverne. À la place du louveteau se tenait un minuscule chiot : un golden retriever beige aux oreilles tombantes et aux grands yeux bleu saphir.

Le cœur de Foudre battait la chamade. Ce bref instant de lumière lui avait suffi pour apercevoir la louve couchée contre un rocher.

— Mère ? dit-il en s'enfonçant dans la grotte.

Perle-d'Argent se redressa.

— Foudre ? murmura-t-elle de sa voix de velours.

Malgré l'obscurité, Foudre vit que sa mère respirait avec difficulté. Une nouvelle bouffée de panique le submergea.

— Tu es blessée ? Ténèbre t'a attaquée, toi aussi ?

Perle-d'Argent hocha faiblement la tête.

— Sa morsure était empoisonnée et j'ai du mal à m'en remettre.

Les yeux de Foudre brillèrent de chagrin et de colère.

— Il a déjà tué mon père et mes trois frères. Il est temps que je l'affronte !

— Que tu es courageux, mon fils ! Mais le moment n'est pas encore venu. Tu es le seul louveteau survivant de notre meute. Pars dans l'autre monde et cache-toi sous ce déguisement. Tu reviendras quand tes pouvoirs magiques se seront renforcés. Et alors, ensemble, nous combattrons Ténèbre.

Perle-d'Argent se laissa retomber, à bout de forces.

Foudre hésita. Il ne voulait pas la quitter, mais il savait qu'elle avait raison.

Des pattes lourdes martelèrent la roche et un grondement de tonnerre fit vibrer la caverne.

— Pars, Foudre ! Sauve-toi ! le supplia Perle-d'Argent.

Un scintillement doré parcourut les poils beiges du chiot. Il poussa un petit gémissement tandis qu'il rassemblait ses pouvoirs magiques. Sa fourrure se mit à briller… briller… briller…

1

Lily Martin trépignait d'impatience quand son père s'arrêta devant le poney-club du Verdier.

— J'adore le samedi ! Je peux enfin passer tout l'après-midi avec les poneys ! s'écria-t-elle en sautant de la voiture.

Elle courut à la fenêtre du conducteur pour embrasser son père.

M. Martin éclata de rire.

— Tu n'as pas peur de te lasser ?

— Sûrement pas !

Les murs de sa chambre disparaissaient sous des photos de poneys, et sa bibliothèque était remplie de livres et de magazines d'équitation.

— Dommage ! J'espérais que tu cesserais un jour de nous harceler pour qu'on t'en achète un !

Il plaisantait, mais Lily sentit son cœur se serrer. En effet, elle rêvait d'avoir un poney à elle. Ses parents pensaient au contraire que cela lui prendrait trop de temps et d'attention. Ils auraient préféré qu'elle se contente des balades qui lui étaient offertes en échange de son aide au Verdier.

— Je voudrais tellement avoir un poney à moi !

— En tout cas, on peut dire que tu as de la suite dans les idées…, soupira son père. Bon, amuse-toi bien. À plus tard ! lança-t-il avant de redémarrer.

Lily lui fit au revoir de la main, puis elle entra dans la cour.

L'écurie se composait de deux bâtiments construits de part et d'autre d'une cour carrée. Dans le fond, un large portail donnait sur l'enclos. Et derrière, on apercevait la petite maison où habitait Emmanuelle Montfert, la propriétaire du poney-club. Celle-ci se trouvait justement devant la sellerie en compagnie de deux jeunes enfants en tenue d'équitation. Ils s'apprêtaient à monter Pitchoun et Razmoket, les deux plus petits poneys du club.

Un grand sourire apparut sur le joli visage arrondi d'Emmanuelle quand elle aperçut Lily.

— Bonjour, Lily. J'espère que tu es en forme car l'après-midi s'annonce chargé. Tous nos cours sont complets.

— Bonjour, Emmanuelle. Par quoi voulez-vous que je commence ? demanda Lily en caressant les naseaux de Pitchoun.

— Tu pourrais donner un coup de main à Sam pour nettoyer les box, si ça ne t'ennuie pas. Tu le trouveras sans doute dans celui de Câline.

— J'y vais !

Lily raffolait de Câline. C'était une adorable palomino[1]. Lily rêvait de posséder un poney comme elle.

Tandis qu'elle partait à la recherche du palefrenier, elle croisa encore d'autres jeunes cavaliers qui arrivaient avec leurs parents. Il n'y avait pas une seconde à perdre.

Après avoir longuement caressé Câline, Lily s'attaqua aux box. Il fallait ramasser la paille souillée à

1. Un palomino est un cheval au pelage jaune doré et aux crins presque blancs.

la fourche, l'empiler sur une brouette et aller ensuite la vider sur le tas de fumier. Et pour terminer elle devait étendre la paille fraîche sur le sol.

Les cavaliers et les poneys allaient et venaient. Lily se précipitait partout où elle pouvait se rendre utile. Il faisait très chaud, et bientôt elle fut en sueur et rouge comme une tomate.

— Si tu arrêtais cinq minutes, le temps d'aller boire quelque chose de frais ? suggéra Sam tandis qu'elle l'aidait à remplir les seaux d'eau et les filets à foin.

— Oh oui, c'est gentil ! répondit-elle en repoussant une mèche humide de son front.

Elle se rendit à la cuisine de l'écurie et but un grand verre de jus d'orange glacé.

En revenant le long de l'enclos, elle aperçut sur l'herbe un papier chassé par le vent et courut le ramasser.

— Bravo, Lily. Rien ne t'échappe ! la félicita Emmanuelle en posant une lourde selle sur la clôture.

— Ça m'énerve tellement que les gens laissent traîner leurs saletés ! Surtout qu'un poney peut mourir en avalant un sac en plastique ! On dirait qu'ils s'en fichent !

— Oh, ils n'y pensent même pas. Sinon ils feraient sans doute plus attention. Hélas, tout le monde n'a pas ta passion des chevaux.

Lily haussa les épaules.

— Ce n'est pas une raison !

— Je suis bien d'accord avec toi. Au fait, tu crois que tes parents vont te l'acheter, ce poney ?

Lily fit une grimace en pensant à sa dernière conversation avec son père.

— Oh, j'ai l'impression que c'est un sujet à éviter ! soupira Emmanuelle

— Oui, il faudrait déjà que j'arrive à les persuader que mon travail à l'école n'en souffrira pas. Mais ils pensent que je suis trop jeune pour avoir de telles responsabilités.

— Ils n'ont peut-être pas tort, tu sais. Un poney demande beaucoup de soins, sept jours sur sept.

Le moral de Lily s'effondra aussitôt. Elle qui croyait qu'Emmanuelle la soutiendrait !

— Ça te plairait de monter Câline ? Un cavalier s'est désisté et elle est libre les deux heures qui viennent.

Lily retrouva aussitôt sa bonne humeur à l'idée de cette grande balade.

— C'est vrai ? Je peux y aller seule ?

— Tu l'as souvent montée et elle te connaît. Tu peux l'emmener dans les allées, mais ne va pas au-delà du bois.

Lily sourit, fière de la confiance d'Emmanuelle.

— Oh, merci ! C'est génial !

Elle se précipita vers Câline qui était déjà sellée.

— Alors, ma belle, que dirais-tu d'une petite sortie ?

Câline poussa un hennissement et frotta ses naseaux contre la paume de Lily. Sans perdre une seconde, celle-ci attacha sa bombe, sauta en selle et, d'un léger coup de talon, fit avancer la petite palomino.

Dès la sortie du Verdier, elles s'engagèrent au trot sur une allée qui partait vers les champs. À l'embranchement suivant, Lily prit le chemin de la forêt.

Elle croisa d'autres cavaliers qui rentraient. Une fois sous les arbres, Lily se mit à imaginer que Câline était à elle et qu'elles étaient toutes les deux seules dans les bois. C'était facile de se dire ça, avec les autres cavaliers masqués par les taillis et le bruit des sabots étouffé par le sol sablonneux !

— J'aimerais tant que tu sois à moi, fit Lily en se penchant pour caresser l'encolure satinée de la ponette.

Soudain, Câline trébucha sur une racine. La fillette lâcha les rênes et partit en vol plané.

— Oh ! gémit-elle, alors que le sol se rapprochait à une vitesse vertigineuse.

Elle ferma les yeux, s'attendant à un atterrissage douloureux.

2

Mais le choc tant redouté n'arriva pas.

Il y eut un éclair doré aveuglant et un crépitement d'étincelles, puis Lily se retrouva suspendue dans les airs. Elle rouvrit les yeux, stupéfaite. Un filet scintillant la retenait à cinquante centimètres du sol !

Elle se sentit descendre lentement et atterrit en douceur sur un lit de fougères. En grésillant, le filet se transforma en un millier d'étincelles qui s'éteignirent au contact des feuilles.

Lily se releva et cligna les paupières. Que s'était-il passé ? Sa première pensée fut pour Câline. Elle se retourna d'un bond et vit avec soulagement que la ponette broutait l'herbe tendre d'une clairière, à quelques mètres de là.

— Ta monture va bien. J'espère que tu ne t'es pas fait mal, dit alors une petite voix.

Lily sursauta.

— Qui… qui me parle ?

Un minuscule golden retriever sortit des buissons. Il avait le poil beige, de grandes oreilles tombantes et de grands yeux bleu saphir.

— C'est moi. Je m'appelle Foudre, j'appartiens à la meute de la Lune Griffue. Et toi, qui es-tu ? Quel est le nom de ta meute ?

Bouche bée, Lily voulut se pincer pour s'assurer qu'elle ne rêvait pas. Le chiot la regardait d'un air interrogateur, comme s'il attendait sa réponse.

— Je… je suis une fille, bredouilla-t-elle malgré elle. Un être humain… je m'appelle Lily. Lily Martin. C'est quoi, cette histoire de meute ?

Foudre plissa le front.

— Un être humain ? J'en ai déjà entendu parler, en effet. Je peux te faire confiance, Lily ? demanda le chiot, soudain pris de tremblements. Je viens de très loin et j'ai besoin de ton aide.

Même si elle pensait avoir des hallucinations, Lily ne voulait pas effrayer cette adorable créature avec ses yeux d'un bleu profond et ses pattes, beaucoup trop grosses pour lui.

Lentement, elle se mit à genoux et tendit sa main.

À sa grande joie, Foudre s'approcha d'elle et renifla ses doigts. Il remua la queue. Malgré sa frayeur, il se sentait visiblement en sécurité.

— Pourquoi as-tu besoin de moi ? demanda-t-elle.

Les yeux du chiot reflétèrent la colère puis la tristesse.

— Ténèbre, un loup solitaire et cruel, a attaqué notre clan. Il a tué mon père et mes trois frères. Et il a gravement blessé ma mère qui a dû se cacher. Il veut devenir le chef de la Lune Griffue, mais les autres refuseront de le suivre tant que je serai en vie.

— Une meute de loups ? Mais tu es un petit chien…

Foudre l'arrêta d'un geste de la patte et recula.

Un nouvel éclat de lumière aveugla Lily. Une pluie d'étincelles retomba autour d'elle et crépita en touchant le sol.

Quand elle rouvrit les yeux, elle aperçut un jeune loup majestueux à l'épaisse fourrure argentée et aux yeux bleu saphir.

— C'est toi, Foudre ? murmura-t-elle en examinant ses crocs acérés et sa fourrure parsemée de centaines de petits diamants jaunes.

— Oui, Lily, c'est bien moi, la rassura-t-il d'une voix de velours.

Il y eut un nouvel éclair doré, et Foudre reprit son apparence de chiot.

Lily se releva.

— Waouh ! Il est super ton déguisement ! Personne ne pourrait deviner que tu es un loup !

Foudre se remit à trembler.

— Hélas, ça ne suffit pas. Ténèbre est si puissant qu'il ne tardera pas à me retrouver. Tu veux bien me cacher ?

Lily sentit son cœur fondre.

— Bien sûr. Tu n'as qu'à venir vivre avec…

Elle s'interrompit. Ses parents refusaient d'avoir des animaux de compagnie car ils s'absentaient toute la journée. Ils la forceraient à confier Foudre à la SPA. Non, pas question qu'elle l'abandonne ! Il devait bien y avoir une solution.

— Je pourrais te ramener en cachette à la maison… sauf que j'aurai du mal à dissimuler ta présence…

— Ne t'inquiète pas. Je ferai en sorte que tu sois la seule à me voir et à m'entendre.

— Tu sais aussi te rendre invisible ? C'est fabuleux ! Je te garde avec moi. Mais auparavant je dois récupérer Câline. J'ai tout juste le temps de revenir au club avant l'arrivée de papa.

Quelques secondes plus tard, elle repartait, sourire aux lèvres, bien calée sur sa selle, Foudre sur ses genoux. Jamais, même dans ses rêves les plus fous, elle n'aurait imaginé avoir un chiot magique pour ami !

3

— Tu n'auras qu'à dormir ici, au cas où mes parents se douteraient de quelque chose, chuchota Lily en étalant un vieux pull au fond de sa penderie. Quand il n'y aura personne à la maison, tu pourras t'installer sur mon lit.

Foudre inspecta le placard et passa la pièce en revue, reniflant chaque recoin.

— J'adore ta chambre !

— Je suis ravie qu'elle te plaise, déclara-t-elle avec un grand sourire. As-tu faim ?

Il aboya avec force.

— Bon, je m'en occupe. À tout de suite.

Lily dévala l'escalier quatre à quatre. Par chance,

son père tondait la pelouse et sa mère venait de partir à son cours de yoga. Elle prit dans le réfrigérateur des restes de poulet.

De retour dans sa chambre, elle regarda le chiot dévorer ce festin avec appétit.

— C'était délicieux, dit-il en se léchant les babines. J'aime beaucoup votre nourriture.

— J'irai te chercher des aliments pour chien plus tard, promit-elle.

— Chouette ! Tu vas venir chasser avec moi ?

— Oh, non ! protesta-t-elle, horrifiée. Ce ne sera pas la peine. L'épicerie d'à côté vend des boîtes de pâtée. Je t'en achèterai avec mon argent de poche.

Foudre bâilla en découvrant ses petits crocs pointus.

— Je tombe de sommeil !

À ces mots, il se dirigea vers le placard, se roula en boule sur le vieux pull, poussa un long soupir de bien-être et s'endormit aussitôt.

Sa respiration se fit régulière. Presque aussitôt, ses pattes tressautèrent. Il rêvait sans doute qu'il courait.

« Il doit être épuisé par son long voyage », songea Lily, tout attendrie.

Elle prit un livre et s'allongea à plat ventre sur son lit. L'histoire était si palpitante qu'elle ne vit pas le temps passer. Elle en était au moment où des bandits volaient un poney, lorsqu'une boule de poils caracola à ses côtés et sauta sur elle.

— Foudre ! Tu m'as fait peur ! s'esclaffa-t-elle en roulant sur le dos. Tu as bien dormi ?

— Oh, oui ! Je me sens en sécurité avec toi ! jappa-t-il gaiement, avant de lui lécher le menton.

Lily caressa son petit corps dodu mais, très vite, il se tortilla pour se dégager et bondit au sol avec un bruit énorme pour un chien si minuscule.

— J'aimerais sortir, à présent!

— O.K., je vais t'emmener dans le champ voisin.

Il aboya de joie et la suivit au rez-de-chaussée.

Le père de Lily sortit alors du salon.

— À quoi jouais-tu, là-haut? On aurait cru entendre un troupeau d'éléphants!

— Oh, papa! Je... je te croyais dans le jardin! bredouilla-t-elle en s'agitant pour cacher Foudre.

Elle se rappela brusquement qu'il était invisible. Voyant son père intrigué par son comportement, elle se mit à mouliner des deux bras en respirant très fort.

— Fff ! Fff ! Je m'échauffe avant mon jogging. Et je venais justement te prévenir que j'allais courir dans le champ.

— Bonne idée. Je me demande si je ne vais pas t'accompagner. Un peu d'exercice ne me ferait pas de mal.

— Ah non ! Je… je risque de croiser un élève de mon école. Je passerai pour un bébé si on me voit m'entraîner avec toi.

— Oh, excuse-moi ! Je ne voudrais surtout pas que tu aies honte à cause de moi ! À propos, on peut savoir d'où te vient ce brusque intérêt pour le sport ?

— Je veux être en forme pour le jour où j'aurai un poney ! répondit-elle en souriant.

— J'aurais dû m'en douter ! Ça ne t'arrive jamais de t'intéresser à autre chose ?

— Non ! Quoique si, en fait ! Sauf que tu ne me croirais pas si je te racontais, gloussa-t-elle en jetant un regard à Foudre qui trépignait devant la porte. À plus tard !

Et elle se rua dehors sans laisser à son père le temps de lui poser d'autres questions.

4

Le lundi matin, Foudre observa Lily préparer ses affaires de classe.

— Je resterais volontiers avec toi à la maison, mais il faut que je m'absente quelques heures, annonça-t-elle en souriant. Alors même si tu trouves le temps long, ne fais surtout pas de bêtises ! Si tu mâchouilles le tapis, ma mère va piquer une crise.

— Ce n'est pas mon genre ! protesta-t-il d'un jappement indigné.

— Excuse-moi. J'ai tendance à oublier que tu n'es pas un chien ordinaire, murmura-t-elle en se penchant pour caresser ses oreilles soyeuses. Tu t'es dégourdi les pattes avant le petit déjeuner… je te promets de t'emmener faire une super promenade après l'école.

Foudre écarquilla les yeux.

— C'est quoi, l'école ?

— C'est un endroit où vont les enfants pour apprendre. Les professeurs nous enseignent un tas de choses et ils nous donnent des devoirs à faire à la maison.

— Ça a l'air très intéressant ! Je viens avec toi !

— J'aimerais bien. Le hic, c'est que les animaux n'ont pas le droit de… Attends ! Tu pourrais venir si tu restais invisible. Mais il te faudra être très sage et ne pas me quitter d'une semelle. M. Pic, mon instituteur, est extrêmement sévère.

Foudre remua la queue.

— Personne ne soupçonnera ma présence, à part toi.

— Cool ! Alors, allons-y !

Lily posa son cartable par terre et l'ouvrit.

— Je préfère te porter. Nous avons plusieurs rues à traverser.

Foudre s'installa entre ses livres et ses affaires de sport.

Lily mit son sac en bandoulière, dit au revoir à ses parents et partit.

— Nous allons sans doute rencontrer Sabrina et Chloé, annonça-t-elle. J'ai hâte de voir la tête qu'elles feront quand je leur parlerai de toi.

Foudre sortit brusquement la tête du sac.

— Oh non, Lily ! Tu ne dois parler de moi à personne, jure-le-moi.

Elle était déçue. Elle avait toujours rêvé d'avoir un animal de compagnie. Et elle se réjouissait d'avance de présenter cet extraordinaire chiot magique à ses amies. Mais elle était prête à tous les sacrifices pour protéger Foudre.

— D'accord, tu as ma parole.

Foudre hocha la tête, satisfait.

Deux minutes plus tard, Lily aperçut Sabrina et Chloé. Elles étaient accompagnées d'une fille qu'elle ne connaissait pas.

— Bonjour, Lily, la salua Sabrina. Je te présente ma cousine Olivia. Elle vient juste d'emménager ici et elle est inscrite dans notre classe.

Olivia était grande, avec des cheveux frisés noirs, un visage ovale et d'immenses yeux marron comme sa cousine.

— Bienvenue dans notre école, Olivia, dit Lily avec un sourire ravi.

— Merci, répondit la nouvelle d'une voix timide.

— Tu es allée au Verdier, ce week-end ? demanda Chloé tandis qu'elles entraient dans la cour.

— Oui, c'était génial. J'ai fait une super balade avec Câline. Figure-toi qu'Emmanuelle m'a permis d'aller me promener seule dans les bois avec elle !

— Cool ! s'exclama Chloé.

— Tu aimes l'équitation ? s'enquit Olivia.

— J'adore ! Et toi ?

— Olivia en est dingue ! répondit Sabrina. Si tu lui parlais un peu de ta ponette ? ajouta-t-elle en donnant un coup de coude à sa cousine.

Lily écarquilla les yeux.

— Tu as une ponette à toi ? La chance ! Comment s'appelle-t-elle ?

— Poésie. Elle est magnifique et je l'adore. Tu pourras venir la voir un soir après l'école, si tu veux.

— Oh, merci. J'ai hâte de la connaître.

Lily s'assit à sa place habituelle à côté de Chloé et posa son cartable par terre pour permettre à Foudre de se dégourdir les pattes.

Le chiot s'ébroua puis partit inspecter la classe.

M. Pic prit le cahier d'appel.

— Avant de commencer le cours, je tiens à souhaiter la bienvenue à Olivia Martial.

Olivia rougit tandis que tous ses camarades applaudissaient.

Quelques minutes plus tard, Lily souriait toute seule en voyant le chiot se balader entre les bureaux.

— Lily Martin ! Pourriez-vous nous faire l'honneur de revenir parmi nous ? tonna la voix du maître. Sortez votre livre d'histoire, je vous prie !

— Pardon, monsieur, s'excusa-t-elle aussitôt.

— Hou ! Grincheux s'est levé du pied gauche ! chuchota Chloé. Une fois de plus !

Olivia et Sabrina gloussèrent.

— Au travail, mesdemoiselles ! les réprimanda M. Pic. Et en silence, si possible.

Les élèves devaient illustrer le portrait d'un roi de France. Lily avait choisi de réaliser un collage d'Henri IV.

— J'ai besoin de papier crépon pour lui faire une fraise, murmura-t-elle à Chloé.

— Pourriez-vous être un peu plus appliquée et moins bavarde, Lily Martin ? rugit M. Pic.

— Oui, monsieur, répondit-elle en rougissant.

Elle se leva et se dirigea vers le placard des fournitures. « Je ne faisais rien de mal », songea-t-elle.

Foudre s'approcha d'elle.

— Ça va, Lily ? Tu es toute rouge.

— Non, je vais très bien… ce qui n'est pas le cas de tout le monde, ajouta-t-elle en montrant du regard son instituteur.

Elle tira sur la poignée du placard ; en vain. Elle la prit à deux mains et recommença, toujours sans résultat.

— Je vais t'aider, jappa Foudre, plein de bonne volonté.

Lily vit M. Pic s'approcher. Il fronça les sourcils.

— Dépêche-toi avant que Grincheux vienne encore me chercher des poux !

Lily sentit un picotement parcourir son dos. La fourrure de Foudre se mit à scintiller ; ses oreilles et sa queue crépitèrent.

Il allait se passer quelque chose !

Le chiot leva une grosse patte et envoya un jet d'étincelles sur le placard, qui s'enfoncèrent dans le bois. Pourtant, rien ne se produisit et Lily crut que la magie de Foudre avait échoué.

— Écartez-vous, Lily Martin, laissez-moi faire ! gronda M. Pic.

Pile au moment où il posa la main sur la poignée, les deux battants s'ouvrirent soudain en déversant une pluie de papiers, de pinceaux et de crayons. Sous le choc, M. Pic fut projeté en arrière et poum ! retomba sans aucune grâce sur les fesses.

Frrt ! Les papiers se répandirent autour de lui. Plaf ! Un tube de colle s'écrasa sur son ventre et éclaboussa son pull gris. Chtac ! Les pinceaux, les crayons et les stylos dégringolèrent sur ses jambes.

L'instituteur en resta pétrifié.

Il y eut un éclat de rire général. Chloé, Olivia et Sabrina faillirent en tomber de leur chaise.

Lily gardait son sérieux à grand-peine.

— Qui a rangé le placard comme ça ? tonna M. Pic en se relevant, le visage écarlate. Il faut que j'aille me changer. Terminez votre travail. Je reviens tout de suite. Pas de chahut, s'il vous plaît !

Il sortit au pas de gymnastique, semant crayons et pinceaux dans son sillage.

Foudre était consterné.

— Je suis désolé, Lily. Je n'y suis pas allé de patte morte !

Lily vérifia d'un coup d'œil que personne ne la regardait et le caressa pour le rassurer.

— Tu as été parfait. M. Pic n'a eu que ce qu'il mérite.

Elle entreprit de remettre les fournitures dans le placard, aidée en cela par Chloé, Sabrina et Olivia. Quand M. Pic revint, vêtu d'un horrible tee-shirt à rayures orange, jaunes et marron, tout était rentré dans l'ordre.

Le reste de la matinée passa vite. À midi, Lily partagea son déjeuner avec Foudre, puis ils allèrent se promener sur le terrain de sport. Le chiot s'amusa à poursuivre les feuilles chassées par le vent. Épuisé, il dormit ensuite sous la chaise de Lily.

Après l'école, Lily remit Foudre dans son sac et prit le chemin du retour avec ses amies.

— Tu parlais sérieusement quand tu m'as proposé de venir voir Poésie ? demanda-t-elle à Olivia au moment où elles allaient se séparer.

— Bien sûr. Vendredi, après les cours, ça t'irait ? Comme ça, nous pourrons la monter à tour de rôle, si tu veux.

— Oh, ce serait super !

Lily nota précieusement son adresse et son numéro de téléphone dans son agenda.

— Au revoir. À demain, les filles !

Chloé, Sabrina et Olivia lui adressèrent un signe de la main.

Quand ils arrivèrent devant chez elle, Lily fit sortir Foudre de son sac.

— Olivia est sympa, tu ne trouves pas ? J'ai hâte de connaître sa ponette.

— Moi aussi, répondit-il avec un grand sourire.

Tout attendrie, Lily le serra dans ses bras.

— C'était merveilleux de t'avoir en classe avec moi. Tu as donné une bonne leçon à Grincheux. J'espère que l'horrible Ténèbre ne te retrouvera jamais et que tu pourras rester avec moi et m'accompagner à l'école tous les jours.

— Ce n'est pas possible, Lily, soupira-t-il, soudain sérieux. Je dois retourner dans mon pays pour veiller sur ma mère et affronter Ténèbre.

Lily savait qu'il avait raison mais elle refusait d'y croire. Elle chassa vite ces sombres pensées pour songer au bon moment qu'elle passerait vendredi avec Olivia et Poésie.

5

— Tiens, ma belle, dit Lily en offrant à Poésie un morceau de carotte. Elle est superbe ! ajouta-t-elle en se tournant vers Olivia.

— C'est vrai. J'ai beaucoup de chance de l'avoir.

La jolie ponette alezane[1] hennit doucement et agita les oreilles.

— On dirait qu'elle t'approuve, remarqua Lily, et les deux filles rirent en chœur.

Olivia ouvrit la barrière qui donnait dans le pré et Lily l'aida à seller la ponette. Puis elles la montèrent à tour de rôle pendant les deux heures qui suivirent.

1. Un alezan est un cheval au pelage roux ou brun.

Foudre avait commencé par courir derrière Lily, mais avec ses petites pattes, il s'était vite fatigué. Et Lily ne pouvait pas le prendre sur ses genoux tant qu'Olivia la regardait.

— Ça va ? Tu ne t'ennuies pas trop ? lui chuchota-t-elle alors que c'était au tour d'Olivia de galoper.

— Non, je vais aller explorer les environs.

Lily le regarda gambader vers la clôture. Il s'arrêtait pour renifler toutes sortes d'odeurs intéressantes dans l'herbe.

Rassurée, elle put profiter pleinement de sa séance d'équitation. Ensuite, elle aida Olivia à desseller Poésie et elles la brossèrent avant de la remettre au pré. La ponette se roula aussitôt dans l'herbe avec volupté. Foudre se précipita vers elle en aboyant joyeusement.

— Oh, non ! gémit Lily, affolée à l'idée qu'il reçoive un coup de sabot.

Olivia fronça les sourcils.

— Qu'est-ce qui t'arrive ?

— Euh… rien, murmura Lily qui regarda avec anxiété la ponette se relever et s'ébrouer.

Mais Poésie aplatit les oreilles et baissa doucement la tête pour renifler le pelage du chiot. Foudre aboya comme un fou en remuant la queue.

Lily laissa échapper un soupir de soulagement qu'elle tenta de dissimuler par une quinte de toux.

— Excuse-moi, je… j'ai cru voir un rat courir sur la paille dans l'abri de Poésie !

Olivia ouvrit le portillon de son jardin.

— Ce n'est pas grave. Les chats du fermier l'attraperont. Si on rentrait ? Je meurs de soif.

— Attends une seconde. J'ai un caillou dans ma botte.

Lily se pencha en lui tournant le dos et fit signe à Foudre de la rejoindre.

Il déboula à toute vitesse et se faufila sous la barrière ; tous trois se dirigèrent vers la maison.

La mère d'Olivia avait déjà préparé des boissons fraîches. Elle les accueillit avec un beau sourire.

— Je suppose que tu es Lily. Je suis contente qu'Olivia se soit déjà fait une amie.

Lily admira sa coiffure faite de tresses minuscules relevées en chignon. Elle portait de grandes boucles d'oreilles en or et un jean avec un joli haut vert.

— Merci, madame, dit poliment Lily en prenant le verre que Mme Martial lui tendait.

Les deux filles montèrent ensuite dans la chambre d'Olivia.

— Elle est exactement comme la mienne ! s'extasia Lily en découvrant quantité de photos de poneys et de livres d'équitation.

Son miroir était bordé de cocardes rouge et bleu qu'elle avait remportées dans des compétitions.

— C'était super chouette ! Merci beaucoup, dit-elle à Olivia quand celle-ci la raccompagna à la porte.

— Il n'y a pas de quoi. Tu peux revenir quand tu veux, répondit sa nouvelle amie. On se voit lundi, à l'école.

Lily repartit chez elle, songeuse. Elle soupira.

— Apparemment, les parents d'Olivia n'ont pas peur que sa ponette l'empêche de bien travailler à l'école. Ah, si j'arrivais à convaincre les miens !

Foudre poussa un jappement de sympathie et remua la queue. Sa fourrure brillait de mille petites étincelles.

— J'ai peut-être une idée ! s'écria-t-il.

Le lendemain après-midi, Mme Martin déposa Lily et Foudre au poney-club en allant à son cours de yoga. Lily avait longuement réfléchi à la remarque du chiot et brûlait d'en savoir davantage.

— Tu parlais sérieusement, hier, quand tu m'as proposé ton aide ? demanda-t-elle.

— Bien sûr !

Lily attendit, mais Foudre n'en dit pas plus.

— Laisse-moi deviner. Tu vas faire apparaître un poney par magie et ensuite tu hypnotiseras mes parents pour qu'ils me permettent de le garder, c'est ça ?

Foudre plissa le front.

— Non, je ne peux pas faire ça, Lily. Il va falloir que tu te montres patiente, ajouta-t-il d'un ton mystérieux.

Il partit explorer la cour en laissant dans son sillage quelques étincelles, qui brillèrent au soleil avant de disparaître.

Lily le suivit des yeux. C'était dur d'être patiente, surtout quand on désirait quelque chose aussi fort.

Avant de se mettre au travail, elle alla voir Câline. Elle avait caché une pomme dans sa poche à son intention.

Comme la palomino n'était pas dans son box, Lily se rendit à l'enclos. Toujours aucune trace de la ponette. Alors qu'elle rebroussait chemin en se demandant où celle-ci pouvait bien être, Sam sortit de la sellerie.

— Câline est déjà de sortie ? s'enquit-elle.

— Non. Elle est partie. Emmanuelle ne t'a rien dit ?

— Elle est partie ? Où ça ?

— Dans son nouveau foyer. Elle commençait à se faire vieille. Et Emmanuelle voulait la mettre à la retraite depuis longtemps déjà. Alors quand une personne est venue lui proposer de la prendre, Emmanuelle a dit oui. Maintenant Câline vit dans un pré avec deux chèvres et un âne.

— Oh, je suis sûre qu'elle va s'y plaire ! s'exclama Lily, bien qu'elle eût le cœur lourd.

Sa ponette préférée allait terriblement lui manquer.

— C'est une chance extraordinaire de lui avoir trouvé un tel paradis sans même l'avoir cherché ! continua le palefrenier avec un grand sourire. Un véritable tour de magie ! Allez, à plus !

Tandis que Sam allait seller un poney, Foudre réapparut, la truffe toute poussiéreuse d'avoir fureté dans la paille. Il se laissa tomber aux pieds de Lily, épuisé.

Celle-ci lui lança un regard soupçonneux.

— Dis donc ? Ce n'est pas toi qui as déniché ce foyer de rêve pour Câline, par hasard ?

Foudre détourna la tête et fronça le museau.

— Oh, ça sent le lapin ! s'écria-t-il avant de repartir ventre à terre vers l'enclos.

Lily le suivit des yeux, convaincue qu'il mijotait quelque chose.

6

L'après-midi avait encore été chargé. Lily pendait les dernières brides qu'elle avait nettoyées dans la sellerie lorsque Emmanuelle passa la tête dans l'entrebâillement de la porte.

— Si tu laissais tout ça pour aller faire une balade ? Douce est encore sellée.

— Oh, merci, Emmanuelle !

Elle se tourna vers Foudre qui dormait sur un coffre de pansage.

— Debout, Foudre. On va se promener !

Le chiot releva aussitôt la tête.

— Mon activité préférée ! s'écria-t-il alors qu'elle se dirigeait déjà vers Douce, attachée dans la cour.

Le temps de mettre sa bombe et Lily sauta en selle. Elle conduisit la ponette baie[1] vers l'allée et trotta jusqu'à une grande prairie réservée à l'école d'équitation. Foudre courait à leur côté, oreilles au vent, tandis qu'elles suivaient un chemin tracé par les roues d'un tracteur.

Lily devait se concentrer, car la ponette était moins expérimentée que la vieille Câline. Quand elle descendit pour ouvrir la barrière du pré, un pigeon jaillit des fourrés. Effrayée, Douce fit un écart et rejeta la tête en arrière.

1. Un cheval bai a le pelage marron et les crins noirs.

— Tout va bien, ma jolie, la rassura Lily en la caressant pour la calmer.

Douce recula nerveusement et Lily remarqua le long de la haie un fossé rempli de ronces et à demi dissimulé par des hautes herbes. Heureusement que Douce n'avait pas avancé, sinon elle aurait pu se blesser. Lily se promit d'en parler à Emmanuelle à son retour.

Elle prit Foudre à l'avant de sa selle, pendant une partie de la promenade. Au retour, il préféra se dégourdir les pattes. Elle sourit en le voyant poursuivre des papillons et enfouir son museau dans des taupinières. Il était encore loin derrière elle quand elle rouvrit la barrière.

Elle venait de la refermer lorsqu'elle aperçut une cavalière qui longeait le champ.

Elle poussa un cri de joie.

— Regarde, Foudre ! C'est Olivia sur Poésie.

Aussitôt Foudre se faufila dans un trou de la haie.

— Foudre, fais attention ! l'avertit Lily en le voyant foncer droit sur les ronces dissimulées par les herbes.

Mais il était si pressé de rejoindre son amie Poésie qu'il ne l'entendit pas.

Lily se jeta en avant. Elle réussit de justesse à le pousser sur le côté avant de se tordre la cheville et de basculer dans le fossé.

— Aïe ! gémit-elle en s'affalant dans les épines qui transpercèrent son pantalon.

Foudre se pencha sur elle avec inquiétude.

— Oh, c'est ma faute si tu t'es fait mal ! Laisse-moi t'aider.

— Je… je crois que ça va aller, balbutia Lily, refoulant des larmes de douleur.

Le temps parut s'arrêter. Lily sentit le picotement familier la parcourir tandis que la fourrure de Foudre scintillait. Sa queue crépita et se raidit. Puis il posa une patte sur Lily, et un jet d'étincelles fusa sur sa cheville. La douleur augmenta brièvement avant de disparaître complètement.

Quand la dernière étincelle s'éteignit, Lily remarqua que son pantalon n'avait plus aucune déchirure.

— Oh, merci, Foudre ! chuchota-t-elle.

— Il n'y a pas de quoi !

Elle remonta le chemin en vitesse et courut au-devant d'Olivia.

— Prends garde au fossé. On ne le voit pas. J'y suis tombée et j'aurais pu me faire mal si… si…

Elle s'arrêta net en se rendant compte qu'elle avait encore failli trahir Foudre.

Mais son amie ne l'écoutait pas. Lily s'aperçut alors qu'elle avait les yeux rouges et gonflés comme si elle venait de pleurer. Elle prit Poésie par les rênes, et Olivia sauta à terre.

— Le fermier qui nous loue le pré a décidé de le vendre et nous n'en trouvons pas d'autre près de chez nous ! annonça Olivia d'une petite voix. Et mes parents n'ont pas les moyens de mettre Poésie en pension dans une écurie.

— Oh, non ! Ce n'est pas possible ! compatit Lily en la prenant par les épaules, attristée qu'Olivia puisse perdre sa ponette adorée.

Elle vit du coin de l'œil Poésie souffler gentiment sur Foudre et le caresser du bout de son naseau. Le chiot s'allongea dans l'herbe, les quatre pattes en l'air, en lui offrant son ventre rond. Mais Lily était bien trop préoccupée pour sourire de ses clowneries.

Elle eut alors une idée ! Une petite conversation avec ses parents s'imposait…

7

— Je suis désolée, Lily. Tu connais notre avis sur la question et il n'a pas changé, déclara Mme Martin.

Lily avait profité du dîner pour expliquer ce qui arrivait à Poésie avec l'espoir que ses parents proposeraient de racheter la ponette.

— Ta mère a raison, renchérit M. Martin. C'est une grosse responsabilité d'adopter un poney. Et nous ne sommes pas sûrs que tu sois prête à l'assumer.

— Bien sûr que si, papa ! Je serai la meilleure maîtresse du monde ! En plus, si nous prenons Poésie, Olivia pourra la voir et s'en occuper autant qu'elle le voudra.

Son père lui ébouriffa les cheveux en souriant.

— Je regrette, ma chérie. Je suis très ennuyé pour ton amie, mais le sujet est clos.

— J'en étais sûre ! grommela Lily, dépitée.

Elle passa la fin du week-end à se morfondre en pensant à Olivia et à Poésie.

Le lundi, quand elle retrouva Chloé et Sabrina sur le chemin de l'école, Olivia n'était pas là.

— Où est ta cousine, Sabrina ? s'étonna-t-elle.

— Elle ne viendra pas en classe aujourd'hui. Ma tante m'a dit qu'elle avait mal au ventre.

— La pauvre, je sais ce qui la rend malade, soupira Lily. Elle se demande ce que va devenir Poésie.

Avant d'entrer dans sa classe, Lily s'attarda dans le couloir pour parler à Foudre.

— J'aimerais tant pouvoir aider Olivia, lui confia-t-elle à voix basse. À présent que mes parents ont refusé de prendre Poésie, je n'ai plus d'idée.

Foudre poussa un petit grognement et une lueur brilla dans ses yeux saphir.

— Et si tu en parlais à la propriétaire du poney-club ?

— Emmanuelle ? Je ne vois pas ce qu'elle pourrait y faire !

Foudre protesta par des aboiements frénétiques et se mit à tourner.

Lily secoua la tête en riant.

— Bon, d'accord, puisque tu insistes, on ira la voir après les cours. Oh, oh ! M. Pic arrive. On ferait mieux d'aller s'asseoir.

À peine rentrée de l'école, Lily enfila un jean et un tee-shirt et courut retrouver sa mère dans la cuisine.

— S'il te plaît, est-ce que tu pourrais m'emmener au Verdier ?

— Ça ne te suffit plus d'y passer le week-end ? s'étonna Mme Martin. Pourquoi veux-tu y retourner aujourd'hui ?

— Douce était malade samedi et je voudrais savoir si elle va mieux, mentit-elle précipitamment.

— Ah, ma chérie, tu es adorable ! Tu penses toujours aux autres.

Lily rougit, honteuse de sa petite entorse à la vérité. Mais, de toute façon, elle était toujours ravie de voir Douce et les autres poneys.

— Alors tu veux bien m'y conduire ?

— Oui, je dois passer au supermarché, je te déposerai en y allant.

Lily s'assit à l'arrière de la voiture avec Foudre sur les genoux. Quelques minutes plus tard, sa mère s'arrêtait devant le poney-club.

— Merci, maman. À tout à l'heure !

Elle courut dans la cour, l'invisible Foudre sur ses talons.

Par la fenêtre du bureau, elle aperçut Emmanuelle assise devant son ordinateur. Elle s'arrêta pour réfléchir.

— Bon, maintenant que je suis là, qu'est-ce que je dois faire ? demanda-t-elle à Foudre.

Les grands yeux bleus du chiot lui parurent encore plus brillants que d'habitude.

— Il faut dire à Emmanuelle que Poésie a besoin de trouver un nouveau foyer.

Elle fronça les sourcils.

— À quoi bon ? Le Verdier n'est pas une pension pour chevaux, c'est une école d'équitation. Et puis, tous les box sont occupés.

Foudre agita les oreilles.

— Pas tous.

— Tu as raison ! Câline est partie !

Foudre hocha la tête, visiblement très content de lui. Lily l'examina d'un air soupçonneux. Avant qu'elle puisse l'interroger, Emmanuelle sortit de son bureau.

— Lily ? Quelle agréable surprise ! Que puis-je faire pour toi ?

— Euh... Je...

Elle se mordilla la lèvre, incapable de parler.

8

Foudre poussa un petit aboiement et Lily retrouva ses esprits. Elle prit une profonde inspiration, et les mots finirent par sortir de sa bouche.

— Voilà… je voulais vous demander… euh… mon amie Olivia a une adorable ponette qui s'appelle Poésie… elle est douce et obéissante, mais le pré où on la mettait a été vendu. Et je me suis dit que… peut-être…

Emmanuelle sourit.

— Holà, pas si vite, Lily, je n'y comprends rien ! Allons dans mon bureau. Et tu vas tout me raconter calmement autour d'un jus de fruits.

Quelques minutes plus tard, un verre de jus de pomme à la main, Lily attendait avec angoisse la réponse d'Emmanuelle qui réfléchissait en tapotant son bureau.

— En fait, tu voudrais que je prenne Poésie dans mon écurie ?

— Oui, et en échange Poésie pourrait travailler au club, comme Câline, ajouta Lily, encouragée par la gentillesse d'Emmanuelle. Bien sûr, il faudra qu'Olivia soit d'accord, mais je pense qu'elle est prête à tout pour garder sa ponette. Et puis elle pourra continuer à s'occuper d'elle. Ça lui reviendra moins cher qu'une pension.

— Je vois que tu as pensé à tout !

— Oui, je crois.

— Hmm… ça pourrait marcher. Nous avons déjà eu ce genre d'arrangements par le passé. Et il nous manque un poney maintenant que Câline est partie. Cependant, je souhaite l'essayer avant de m'engager. Il faut qu'elle soit gentille, amicale et fiable.

— Oh, vous ne serez pas déçue. Je peux dire aux parents d'Olivia de vous appeler ?

Emmanuelle hocha la tête.

— Pas de problème. Eh bien, tu as de la suite dans les idées, Lily Martin !

Lily se leva, radieuse.

— Mon père n'arrête pas de le répéter ! En tout cas, merci beaucoup, Emmanuelle. Ça ne vous ennuie pas que j'aille voir Douce avant que ma mère vienne me chercher ?

— Bien sûr que non. Je te laisse y aller seule car j'ai encore du travail.

Après avoir passé un moment avec les poneys, Lily et Foudre regagnèrent l'entrée du poney-club pour rejoindre Mme Martin.

Sur la route du retour, Lily caressa tendrement les oreilles veloutées de Foudre.

— Ton plan était génial, murmura-t-elle.

— Oui, mais je n'aurais jamais pu le réaliser sans toi. Tu as réussi à convaincre Emmanuelle. Bravo, Lily !

Une bouffée de fierté l'envahit. Elle était ravie de pouvoir aider son amie.

— J'ai hâte d'annoncer la nouvelle à Olivia. Je l'appellerai dès notre arrivée.

À peine le moteur fut coupé que Lily bondit hors de la voiture et se précipita vers la maison.

— Pardon, jeune fille, tu pourrais peut-être m'aider à rentrer les courses ! la rappela sa mère.

— Oh, excuse-moi !

Lily revint en courant et attrapa plusieurs sacs qu'elle porta en vitesse jusqu'à la table de la cuisine. Au même moment, le téléphone sonna dans l'entrée.

C'était la mère d'Olivia.

— Bonjour, Lily. Olivia est avec toi ? Je voudrais lui parler, s'il te plaît.

— Mais… mais elle n'est pas là !

— Oh, mon Dieu ! Elle est partie avec Poésie et j'espérais qu'elle était allée te voir, répondit Mme Martial d'une voix soucieuse. Tu peux me passer ta maman ?

Lily tendit le combiné à sa mère.

— Que se passe-t-il ? s'écria-t-elle dès que sa mère eut raccroché.

— Olivia a laissé une lettre disant qu'elle ne pourrait jamais abandonner Poésie et elle a emporté des vêtements. Mme Martial pensait qu'elle était venue chez nous. J'ai bien peur qu'Olivia se soit enfuie avec sa ponette !

— Oh non ! gémit Lily.

9

Lily monta dans sa chambre en courant.

— Il va bientôt faire nuit et Olivia doit avoir peur, déclara-t-elle à Foudre. Il faut absolument la localiser pour lui dire qu'on a trouvé une solution pour Poésie !

— Oui, opina Foudre. Je vais nous transporter chez elle pour essayer de suivre sa piste.

Lily sentit le picotement familier la parcourir tandis que la fourrure de Foudre scintillait et que sa queue crépitait. Il y eut un éclair aveuglant, suivi d'une brusque sensation de vitesse et Lily se retrouva dans le jardin des Martial.

Foudre renifla le sol en courant en tous sens. Il s'arrêta subitement et Lily vit sa truffe briller comme une pépite d'or.

— Par ici ! aboya-t-il avant de filer comme une flèche.

Ils parcoururent de nombreuses rues, puis se dirigèrent vers les faubourgs de la ville. Les réverbères étaient déjà allumés. Au-dessus de leur tête, les premières étoiles apparaissaient dans le ciel.

Lily avait le visage rouge et couvert de sueur. Pourtant elle n'était pas fatiguée. Les étincelles qui continuaient à jaillir du poil de Foudre décuplaient leurs forces et leur vitesse. Tout à coup, Lily reconnut une route qui conduisait au poney-club.

— Nous ne sommes pas loin du Verdier. Je parie qu'Olivia a décidé de passer la nuit dans les bois. Dans ce cas, elle a dû prendre le raccourci par les champs.

Quelques minutes plus tard, Foudre poussa un aboiement triomphant.

— Regarde !

Dans le crépuscule, Lily distingua une vague silhouette de cavalier sur un poney qui se confondait avec la haie. La lune apparut derrière les nuages.

— Elles sont là !

Lily remarqua avec effroi que Poésie arrivait au niveau de la barrière du pré.

— Le fossé ! Olivia fonce droit dessus ! Elle ne peut pas le voir dans l'obscurité et je parie qu'elle l'a oublié ! Emmanuelle a fait retirer les ronces, mais Poésie pourrait se casser une jambe si elle glisse dedans !

Les yeux de Foudre jetèrent des éclairs. Une nuée d'étincelles enveloppa Lily et, une fois de plus, elle sentit l'air siffler à ses oreilles. Elle atterrit avec le chiot à quelques mètres d'Olivia et de Poésie.

Elle s'avança en agitant les bras.

— C'est moi, Lily ! Arrête-toi, Olivia !

Olivia tira sur ses rênes. La ponette, surprise, agita les oreilles et tendit la tête, mais elle garda son calme et s'immobilisa au bord du fossé.

— Lily ! Qu'est-ce que tu fais là ? Comment m'as-tu retrouvée ? s'écria Olivia.

— On en parlera plus tard. Tu es juste devant le fossé dans lequel j'ai chuté l'autre jour. Poésie aurait pu y tomber. Viens vite par ici. J'ai une nouvelle à t'annoncer.

Olivia entraîna sa ponette de l'autre côté et resta en selle, l'air déterminé.

— Merci de m'avoir épargné un accident. Mais si tu as fait tout ce chemin pour me dire de rentrer à la maison, tu as perdu ton temps.

— Olivia, écoute-moi, au moins ! J'ai parlé à Emmanuelle, la propriétaire du poney-club du Verdier. Elle est prête à prendre Poésie en pension à condition que tu la lui prêtes pour le club.

— C'est vrai ?

Olivia prit une profonde inspiration et réfléchit. Bientôt, elle se détendit.

— C'est une excellente nouvelle ! Poésie sera ravie d'être montée plus souvent. Papa la trouve un peu enrobée. L'ennui, c'est qu'il faudra participer à sa pension… Je ne sais pas si mes parents en auront les moyens.

Lily se renfrogna. Elle n'avait pas pensé à ça. Finalement, son plan n'était pas aussi génial qu'elle l'avait cru.

Foudre lui donna un coup de patte sur la jambe et aboya pour attirer son attention.

— Tu devrais en parler à tes parents, suggéra-t-il.

Elle mit quelques secondes à comprendre, puis écarquilla les yeux.

— J'ai une idée ! s'écria-t-elle. Rentrons, Olivia. Je suis sûre que mes parents pourront nous aider.

Et elle s'empressa de lui expliquer son idée.

Une lueur d'espoir illumina le visage d'Olivia.

— Tu crois qu'ils accepteront ?

— Croisons les doigts ! C'est la dernière chance de Poésie ! Dépêche-toi ! s'exclama-t-elle en rebroussant chemin, certaine cette fois qu'Olivia la suivrait.

— Ouaf ! l'approuva Foudre avec enthousiasme.

10

— Je ne sais pas comment tu as réussi à ramener Olivia chez elle, mais je suis fier de toi, déclara son père alors qu'ils s'attablaient devant les pizzas qu'on venait de leur livrer. M. et Mme Martial étaient complètement affolés. Bravo, ma chérie !

Lily rougit.

— N'importe qui aurait fait la même chose.

— Je n'en suis pas certaine, murmura sa mère en lui tapotant la main. Moi, ce que je ne comprends pas, c'est comment tu as eu l'idée d'aller la chercher près du Verdier et surtout comment tu as pu t'y rendre si rapidement.

— Je suis super entraînée depuis que je fais du jogging. Miam ! Cette pizza est délicieuse ! ajouta-t-elle, pressée de changer de sujet.

Elle glissa discrètement un petit morceau de jambon à Foudre, sous la table.

— Maman… papa…, reprit-elle doucement. Je voudrais vous demander quelque chose…

Ses parents échangèrent un regard inquiet.

— J'espère que tu ne vas pas encore nous supplier de t'acheter un poney ! grommela Mme Martin.

— Bien sûr que non !

— Ouf ! s'écria son père.

Lily marqua une pause pour ménager la surprise.

— Je voudrais juste une moitié de poney.

M. Martin fronça les sourcils.

— Tu pourrais répéter ?

— En fait, je voudrais un poney à deux, expliqua-t-elle en souriant.

Elle leur raconta comment Emmanuelle avait accepté de prendre Poésie, à condition que les élèves du club puissent la monter.

— Malheureusement, cela ne paiera pas tous les frais. Et les parents d'Olivia risquent de vendre sa ponette. Par contre, si on participe, ça leur permettra peut-être de la garder. Et comme ça, je partagerai Poésie avec Olivia. Je l'aiderai à s'en occuper et on la montera à tour de rôle. Qu'en pensez-vous ?

— Je pense surtout que Poésie va être surmenée. Cela étant, l'idée est intéressante.

Lily retint son souffle. Pour une fois, son père n'avait pas dit non d'emblée.

— Je te connais, Lily. Tu voudras passer au Verdier tous les soirs, soupira Mme Martin. Et j'ai bien peur que ton travail scolaire n'en souffre.

— J'adorerais voir Poésie tous les soirs, en effet, mais Olivia et moi irons à tour de rôle. Je me contenterai de monter Poésie de temps en temps en m'imaginant qu'elle m'appartient... en attendant le jour où j'aurai enfin un poney à moi toute seule !

Ses parents se regardèrent de nouveau.

— Eh bien, présenté ainsi, l'arrangement me semble raisonnable, déclara sa mère.

— Et avec un peu de chance, Lily cessera de nous harceler, ajouta son père. Alors, c'est d'accord.

— Ouiiiiii !

Lily se jeta au cou de ses parents et les serra de toutes ses forces.

— J'ai hâte d'annoncer la nouvelle à Olivia ! s'écria-t-elle avant de danser autour de la table.

Foudre se mit à sauter en aboyant d'excitation. Dans sa joie, Lily faillit le prendre dans ses bras. Heureusement, elle se retint à temps !

Avant de se coucher, alors qu'elle s'apprêtait à tirer les rideaux de sa chambre, Lily remarqua deux hommes qui promenaient leurs chiens dans la rue. Puis elle se mit au lit et se blottit sous la couette en serrant Foudre contre elle.

— Je ne sais pas comment te remercier. Tu as tenu ta promesse : je vais avoir un poney ! Tu es le chien le plus génial que je connaisse ! Je sens que nous allons passer tous les deux un été inoubliable avec Poésie et Olivia.

Foudre nicha sa petite tête sous son menton.

— Je suis ravi d'avoir pu t'aider.

Soudain, Lily entendit des cris et des aboiements au-dehors. Elle se précipita à la fenêtre.

Les deux promeneurs avaient bien du mal à retenir leurs chiens qui grondaient en tirant sur leur laisse, leurs yeux levés vers la maison. À la lueur des réverbères, ceux-ci lui parurent très, très pâles et leurs crocs très, très longs.

— C'est bizarre…

Elle s'arrêta net en voyant que Foudre s'était aplati sur son lit et tremblait comme une feuille.

Effrayée, elle examina les chiens avec plus d'attention. Ils se calmèrent subitement et suivirent leurs propriétaires, qui repartirent chacun de leur côté.

Elle rejoignit Foudre qui frissonnait toujours, les oreilles plaquées en arrière, la queue entre les pattes.

— Qu'est-ce qui t'arrive ? Tu es malade ?

— Ténèbre n'est pas loin, dit-il dans un souffle. Il a ensorcelé les chiens en bas de chez toi pour qu'ils m'attaquent. Et maintenant, tous les chiens du quartier doivent me rechercher. Je vais utiliser mes pouvoirs magiques pour masquer mon odeur. Cela brouillera un peu les pistes.

Lily l'embrassa sur la tête et resta éveillée, priant pour que le chiot échappe à ses poursuivants. S'il disparaissait, elle ne s'en remettrait jamais.

11

Lily se réveilla en sursaut, le lendemain matin. À son grand soulagement, elle trouva Foudre blotti contre elle.

Il semblait un peu remis de ses émotions, mais ses yeux bleus étaient toujours voilés d'angoisse.

— Il vaut mieux que je reste caché ici. Sinon Ténèbre risque de repérer mon odeur.

Lily le quitta à contrecœur. Elle avait promis à Olivia de la retrouver au Verdier afin de l'aider à installer Poésie dans son nouveau foyer.

— À tout à l'heure, dit-elle en embrassant sa petite tête soyeuse.

Sans lui répondre, Foudre se roula en boule.

Lily et Olivia regardaient Emmanuelle descendre Poésie du van accroché à sa jeep.

— Ho, doucement, ma grande ! Là, c'est très bien !

Poésie reculait lentement, pas à pas. Enfin, elle arriva dans la cour, les jambes flageolantes, sa robe alezane parcourue de frissons.

— Tu es une bonne fille, la félicita Olivia en lui caressant les naseaux. Elle est un peu nerveuse de sentir tant de poneys autour d'elle. Elle a l'habitude d'être seule dans son pré, ajouta-t-elle à l'intention d'Emmanuelle.

— C'est normal que ça la perturbe. Comme elle te connaît bien, tu devrais lui faire faire le tour du propriétaire avec Lily avant de la mettre dans son box. Et n'hésite pas à m'appeler si tu as un problème, d'accord ?

— Oui, merci beaucoup.

Olivia se tourna vers Lily tandis qu'Emmanuelle partait se garer.

— Elle est vraiment gentille !

Lily sourit.

— Il y a un peu trop de nouvelles odeurs par ici. Si on conduisait Poésie dans le paddock ? Elle sera ravie de gambader dans l'herbe.

— Excellente idée !

Pendant une vingtaine de minutes, Olivia promena donc sa ponette autour de l'enclos sans cesser de lui parler.

Pendant ce temps, Lily n'arrêtait pas de penser à Foudre, espérant de tout son cœur qu'il était en sécurité.

Voyant Poésie plus détendue, Olivia se décida à la conduire à sa nouvelle maison. C'était l'ancien box de Câline que Lily avait récuré de fond en comble. Elle avait répandu une épaisse couche de paille délicieusement parfumée sur le sol, lui avait préparé un filet à foin rempli à ras bord et un seau d'eau fraîche.

Lily ouvrit la porte en grand. Olivia s'avança en tirant Poésie derrière elle. La ponette roula des yeux et pila net.

— Regarde comme tu vas être bien ! Tu as toute la place pour te retourner et même te coucher si tu en as envie, l'encouragea Olivia.

Poésie continua à résister et à jeter des regards paniqués autour d'elle.

— Je crois qu'elle n'a pas envie d'entrer, s'affola Olivia.

— Si j'allais lui chercher une carotte ? proposa Lily. Ça l'aidera peut-être à vaincre ses appréhensions.

Elle revint quelques instants plus tard avec une superbe carotte, mais la ponette l'ignora.

— Qu'est-ce qu'on va faire ? se lamenta Olivia. J'ai peur qu'Emmanuelle change d'avis. Elle ne voudra certainement pas d'un cheval capricieux dans son école.

— Ne t'inquiète pas. Poésie est juste un peu effrayée. Ça va s'arranger, la rassura Lily qui n'en menait pas large non plus.

Si seulement Foudre était là ! Il aurait su calmer Poésie. Hélas, il avait déjà fort à faire de son côté pour échapper aux espions du cruel Ténèbre.

Les deux amies décidèrent de promener Poésie encore quelques minutes. Quand elles revinrent un quart d'heure plus tard, leur deuxième tentative se révéla tout aussi infructueuse.

— Je ferais mieux d'aller chercher Sam ou Emmanuelle, se résigna Lily.

— Oui, je crains qu'on n'ait plus le choix, acquiesça Olivia, au bord des larmes.

Au même moment, Lily entendit un bruissement à l'intérieur du box. Une nuée d'étincelles jaillit de la paille et une petite tête de chien espiègle apparut.

— Foudre ! s'écria-t-elle, folle de joie, avant de réaliser qu'Olivia la regardait d'un drôle d'air. Euh… fou… faudrait essayer une dernière fois avant d'aller chercher de l'aide, tu ne penses pas ?

Olivia n'avait pas l'air convaincue mais elle hocha la tête.

À la vue du chiot, Poésie tendit le cou et lui souffla dessus. Celui-ci l'encouragea d'un jappement énergique et remua la queue.

Poésie fit un pas en avant, un autre… Dès qu'elle eut franchi le seuil, Olivia s'empressa de refermer la porte derrière elle.

— Ouf ! Enfin ! J'ai bien cru qu'elle ne se déciderait jamais !

— Tout ira bien, à présent. Tu peux aller prévenir Emmanuelle qu'elle est dans son box, suggéra Lily.

À peine Olivia avait-elle disparu que Foudre poussa un gémissement de terreur. Il sauta par-dessus la porte du box, traversa la cour à toute vitesse, semant dans son sillage une traînée d'étincelles semblable à une étoile filante, et s'engouffra dans la sellerie.

Lily se retourna d'un bond. Deux chiens venaient de franchir le portail du club. Ils levèrent la tête et elle remarqua leurs crocs très longs et leurs yeux pâles. Son cœur cessa de battre. Ils cherchaient Foudre !

Elle se rua à son tour dans la sellerie.

Un éclair doré l'aveugla. Quand elle rouvrit les yeux, Foudre se tenait devant elle en jeune loup majestueux. Il était magnifique avec sa fourrure argentée qui scintillait et ses grands yeux saphir. Une louve au regard doux, sa mère, se tenait près de lui.

Lily comprit que, cette fois, Foudre s'en allait pour de bon.

— Nos ennemis sont tout proches. Nous devons partir, annonça Perle-d'Argent.

Foudre leva la patte en geste d'adieu.

— Tu as été une merveilleuse amie, Lily. Tu possèdes un cœur d'or, ne change pas, dit-il d'une voix de velours.

Lily le contempla, la gorge nouée. Il allait tellement lui manquer !

— Au revoir, Foudre. Sois prudent. Je ne t'oublierai jamais, murmura-t-elle, entre deux sanglots.

Il y eut un éclair aveuglant, puis des étincelles crépitèrent avant de retomber en pluie autour d'elle. Foudre et sa mère s'estompèrent et disparurent. Les chiens arrivèrent en courant dans la sellerie. Lily eut juste le temps de voir leurs crocs et leurs yeux reprendre leur apparence normale et ils déguerpirent.

Lily ressortit dans la cour en refoulant ses larmes. Au moins avait-elle eu la chance de pouvoir dire adieu à Foudre. La fabuleuse aventure qu'elle avait partagée avec ce chiot magique resterait à jamais gravée dans son cœur.

Et même si elle ne pouvait parler de lui à personne, elle savait qu'il y avait un être à qui le chiot manquerait et à qui elle pourrait confier ses pensées : Poésie !

Tandis qu'elle se dirigeait vers son box, elle vit Olivia sortir du bureau d'Emmanuelle et sourit à la pensée de toutes les balades qui les attendaient avec leur ponette !

Les chatons magiques

Vagues de paillettes

Avis de recherche

As-tu vu ce chaton ?

Flamme est un chaton magique de sang royal, et son oncle Ébène est très impatient de le retrouver. Flamme est difficile à repérer, car son poil change souvent de couleur, mais tu peux le reconnaître à ses grands yeux vert émeraude et à ses moustaches qui grésillent de magie !

Il est à la recherche d'un ami qui prendra soin de lui.

Et s'il te choisissait ?

Si tu trouves ce chaton très spécial, merci d'avertir immédiatement Ébène, le nouveau roi.

Prologue

Flamme courait ventre à terre dans la plaine poussiéreuse. Le lionceau devait trouver un abri. C'était trop dangereux pour lui de rester à découvert.

Soudain, un rugissement terrifiant résonna derrière lui. Un lion noir gigantesque surgit des hautes herbes.

— Ébène !

Flamme se réfugia derrière un rocher. Il y eut un éclair aveuglant et à la place du lionceau apparut un minuscule chat de gouttière tigré à poils longs et à la queue touffue.

Le cœur de Flamme cognait dans sa petite poitrine tandis qu'il se faufilait à reculons dans une fente du rocher, espérant ainsi échapper à son oncle Ébène.

L'ombre d'une énorme patte se dessina à quelques centimètres de son petit museau tremblant. Ses yeux émeraude étincelèrent de frayeur et de colère tandis qu'il se raidissait, prêt au combat.

— Restez où vous êtes, prince Flamme. Je vous protège, gronda une voix affectueuse.

Flamme poussa un soupir de soulagement en reconnaissant le vieux lion gris qui se penchait vers lui.

— Je suis ravi de te revoir, mon brave Cirrus. Mais tu ne peux pas me défendre contre mon oncle. Il rêve de me tuer. Il veut garder mon trône et régner à ma place.

Cirrus hocha la tête gravement.

— C'est vrai. Vous ne pouvez pas rester ici. Conservez ce déguisement et repartez dans l'autre monde. Quand vous aurez grandi en force et en sagesse, vous reviendrez débarrasser votre royaume de ce démon.

Le minuscule chaton scruta le visage fatigué du vieux lion.

— Je suivrai tes conseils, mon vieil ami. Et un jour, je mettrai fin au règne d'Ébène.

Les yeux de Cirrus brillèrent d'affection. Il passa sa grosse patte dans la fente et caressa tendrement la tête du chaton.

— J'attends ce jour avec impatience, mon prince. Partez, maintenant.

Un nouveau rugissement retentit derrière eux. Le sol trembla lorsque Ébène bondit sur le rocher sous lequel se dissimulait le chaton.

— Vite, Flamme ! Sauvez-vous ! le pressa Cirrus.

Des étincelles jaillirent de l'épaisse fourrure du chaton. Il poussa un petit miaulement tandis qu'il rassemblait ses forces et il se sentit tomber… tomber… tomber…

1

— Que c'est beau ! s'exclama Mathilde Roussel en découvrant la vue de la fenêtre de sa chambre.

La mer étincelait sous le soleil et des vagues coiffées d'écume blanche roulaient sur la plage voisine. Des mouettes tourbillonnaient au-dessus des falaises en criant dans le ciel bleu.

Mathilde venait juste d'emménager avec ses parents à Tamaris. Elle mourait d'impatience de tout décrire à ses meilleures amies, Diane et Nina. Elles s'étaient promis de rester en contact. Mais Mathilde avait attendu leur coup de fil, la veille, et aucune ne l'avait appelée.

Impatiente, elle dévala l'escalier et se précipita vers le téléphone. Personne ne répondit chez Diane. Nina était sortie, elle aussi. Mathilde laissa un message sur son répondeur.

« Elles ont dû aller nager ou jouer au tennis », se dit-elle, un peu triste à l'idée qu'elles s'amusaient sans elle. Mais c'étaient les vacances, après tout.

Avec un soupir, Mathilde se faufila entre les cartons de livres et de vaisselle et ouvrit la porte qui menait à la vieille boutique attenante à leur maison.

Elle entendit des bruits sourds. Son père repeignait les murs pendant que sa mère, perchée sur un escabeau, vissait des étagères. C'étaient tous les deux des artistes et ils avaient décidé de transformer le magasin en atelier et en galerie de peinture.

Véronique Roussel se retourna vers sa fille.

— Qu'est-ce qui t'arrive, ma chérie ? Tu en fais une tête ! Ça ne va pas ?

— J'ai appelé Diane et Nina mais il n'y avait personne. Et elles ne m'ont pas téléphoné hier soir. Elles m'ont déjà oubliée.

— Quoi ? En deux jours ! Ça m'étonnerait ! Elles doivent attendre que tu sois installée pour prendre de tes nouvelles. Si tu réessayais plus tard ?

— Oui... C'est juste que... j'avais envie de leur parler tout de suite.

Sa mère descendit de l'escabeau et la prit dans ses bras.

— Tes amies te manquent, ma pauvre chérie ?

Mathilde hocha la tête, la gorge serrée.

— Ne t'inquiète pas. Le temps va vite passer d'ici à la rentrée. Et dès que tu seras dans ta nouvelle école, tu te feras des tas de nouvelles amies. J'ai raison ou pas ?

Mathilde répondit par un sourire triste. L'école ne commencerait que dans deux semaines. Autant dire une éternité !

Jacques Roussel fit un clin d'œil à sa fille en trempant son rouleau dans la peinture.

— Un ami doit venir installer mon ordinateur tout à l'heure. Tu pourras leur envoyer autant d'e-mails que tu voudras dès ce soir.

— Oh, c'est génial, papa ! s'écria Mathilde.

Elle avait hâte de leur raconter à quel point sa maison était chouette ! Et aussi le vieux magasin de bonbons que ses parents rénovaient.

— En attendant, si tu t'ennuies, tu peux m'aider à peindre, suggéra son père.

Mathilde plissa le nez. Elle détestait le bricolage.

— Il fait beau et la plage a l'air sympathique, enchaîna sa mère.

— Ou alors tu pourrais...

— Je crois que je vais aller explorer les environs, s'empressa de le couper Mathilde, avant qu'il ne lui propose une autre corvée.

— Amuse-toi bien ! s'esclaffa sa mère. Et ne va pas trop loin. On déjeune dans une heure.

— D'accord, maman. Je rentrerai avant.

Mathilde retraversa la maison et sortit dans le jardin. Il ressemblait à une cour avec ses gros pavés et ses plantes en pots. Derrière la clôture, le terrain descendait en pente raide vers la plage.

Mathilde ouvrit le portillon et prit l'escalier. Une brise chaude au parfum de sel souleva ses cheveux bruns. Quand elle arriva sur le sable, elle retira ses tennis, les attacha par les lacets et les suspendit à son cou.

Ses pieds s'enfonçaient dans le sable tiède. Elle croisa une famille avec trois petits enfants qui jouaient au cerf-volant. Au bord de l'eau, elle aperçut trois filles qui s'éclaboussaient en riant.

Mathilde se sentit soudain très seule. Elle poursuivit sa promenade en s'arrêtant çà et là pour ramasser des coquillages. Au bout de quelques minutes de marche, elle atteignit les rochers, au pied des falaises. Les flaques laissées par la marée brillaient au soleil. Elle n'entendait plus que les cris des mouettes et le bruit des vagues. Les gens derrière elle, sur la plage, semblaient petits comme des fourmis.

Elle s'assit sur un rocher plat au bord d'une mare et plongea ses pieds dans l'eau fraîche en songeant à ses deux amies qui devaient bien s'amuser sans elle. Des algues lui chatouillèrent les orteils et une crevette courut sur le sable. Mathilde se penchait pour la regarder lorsqu'un éclair se refléta à la surface de l'eau.

Elle se retourna d'un bond et poussa un cri de surprise. Un adorable chaton angora tigré, avec des yeux d'un incroyable vert émeraude était assis sur le rocher derrière elle. Sa fourrure et ses moustaches semblaient crépiter de milliers d'étincelles.

Mathilde plissa les yeux. Peut-être le chaton était-il mouillé pour briller comme ça. D'ailleurs la pauvre bête tremblait de froid.

— Bonjour, toi ! D'où viens-tu ? Et qu'est-ce que tu fais sur ce rocher, tout seul ?

Le chaton leva vers elle ses yeux écarquillés de frayeur.

— Je viens de très loin, miaula-t-il. Pourrais-tu m'aider, s'il te plaît ?

2

Mathilde le regarda fixement, bouche bée. Décidément, la solitude ne lui réussissait pas. Voilà qu'elle entendait des voix !

Au même moment, un goéland plongea vers le chaton, visiblement décidé à n'en faire qu'une becquée. Le petit animal s'aplatit en poussant un miaulement de terreur.

Mathilde se leva d'un bond et agita les bras pour chasser le volatile.

— Fiche-lui la paix, espèce de brute à plume !

Puis elle s'accroupit devant le chaton pour ne pas l'effrayer.

— Je me demande comment tu t'appelles…

murmura-t-elle en caressant son petit corps tout tremblant.

Le chaton cligna des yeux. Malgré sa petite taille, il ne semblait pas avoir peur d'elle.

— Je suis le prince Flamme. Et toi, qui es-tu ?

Mathilde retira sa main précipitamment.

— Oh, tu… tu parles vraiment ? Je… je m'appelle Mathilde Roussel. Je viens d'emménager avec mes parents dans une maison sur la plage. Mais tu as bien dit que tu étais un prince ? ajouta-t-elle.

Sa curiosité était plus forte que sa stupéfaction.

Flamme releva fièrement sa petite tête.

— Je suis l'héritier du Trône du Lion. Mais mon oncle Ébène me l'a volé et règne à ma place. Et il a lancé ses espions à mes trousses pour me tuer.

Mathilde se sentait dépassée. Et si c'était vrai ?

Flamme dut lire dans ses pensées.

— Ne bouge pas !

Il sauta sur un rocher un peu plus loin. Un éclair aveuglant éblouit Mathilde qui, pendant quelques secondes, ne discerna plus rien. Quand sa vue s'éclaircit, le chaton avait disparu et à sa place se tenait un majestueux lionceau blanc.

Elle poussa un cri et recula.

— Flamme ?

— Oui, c'est moi, Mathilde. N'aie pas peur, la rassura-t-il d'une voix de velours.

Et avant qu'elle ait pu dire quoi que ce soit, un nouvel éclair jaillit : le chaton réapparut devant elle.

— Je… je te crois, murmura-t-elle.

— Je dois me cacher. Tu peux m'aider ?

Mathilde s'accroupit de nouveau devant lui et plongea son regard dans ses jolis yeux verts. Il était si minuscule, si vulnérable. Elle éprouvait une irrésistible envie de le protéger. Elle le prit dans ses bras.

— Bien sûr que je vais m'occuper de toi. Tu n'as qu'à venir à la maison.

Flamme frotta sa tête contre elle.

— Merci, Mathilde.

— Et je suis ravie que tu viennes habiter chez moi. J'ai hâte de tout raconter à mes parents !

— Non ! Surtout pas ! Tu ne dois confier mon secret à personne ! la supplia-t-il en posant sa minuscule patte sur son menton. Je t'en prie, promets-moi de ne rien dire.

Mathilde contempla son petit visage sérieux. Avec sa longue fourrure tigrée et ses yeux verts, c'était le chaton le plus mignon qu'elle ait jamais vu.

— Bon, je dirai seulement que je t'ai trouvé, promit-elle à regret.

Flamme se mit à ronronner en remuant sa queue touffue.

— Merci, Mathilde.

— Bien sûr que tu peux le garder ! s'écria Mme Roussel dès que sa fille lui eut expliqué comment elle avait trouvé le chaton. Il est magnifique !

M. Roussel se pencha pour le caresser.

— C'est drôle de trouver un chat perdu juste quand on emménage. Un excellent présage, si tu veux mon avis. D'ailleurs tu devrais l'appeler…

— Flamme ! le coupa Mathilde. Il m'a dit… euh… je veux dire que je lui ai déjà trouvé un nom, se reprit-elle précipitamment.

Il faudrait qu'elle fasse attention si elle ne voulait pas révéler son secret par mégarde !

— Flamme ? Je trouve que ça lui va très bien, approuva sa mère. Mais il doit mourir de faim. Les chatons ont besoin de manger plusieurs fois par jour, tu sais. Si tu regardais ce que tu peux lui trouver ?

Mathilde lui coupa une tranche de jambon en morceaux et lui servit un bol de lait en attendant d'aller acheter de la nourriture pour chat.

Flamme engloutit le jambon et lapa le lait en ronronnant.

Après le déjeuner, Mathilde monta le chaton dans sa chambre. Elle étala un vieux pull sur sa couette. Flamme se blottit dessus, après l'avoir pétri longtemps avec ses pattes pour s'en faire un nid douillet.

Mathilde s'allongea à côté de lui en souriant. Elle avait du mal à croire ce qui lui arrivait. Il y avait à peine quelques heures, elle se sentait seule et abandonnée et voilà qu'elle s'était déjà fait un nouvel ami ! Même dans ses rêves les plus fous, jamais elle n'aurait imaginé que ce serait un chaton magique !

3

Mathilde ouvrit les yeux, réveillée par le soleil qui filtrait entre les rideaux. Quel beau rêve elle venait de faire !

Elle sentit un mouvement sur la couette. Flamme vint se blottir contre elle en souriant de toutes ses moustaches.

— Bonjour, Mathilde. Qu'est-ce que j'ai bien dormi ! ronronna-t-il.

Elle n'avait pas rêvé ! Avec un sourire radieux, elle serra Flamme dans ses bras et le caressa.

Son père passa la tête par la porte de la chambre.

— Bonjour, vous deux ! Ça a l'air de bien aller pour vous ! Je vais faire une promenade sur la plage. Vous voulez venir avec moi ?

— Flamme peut nous accompagner ? demanda Mathilde.

— Bien sûr. Retrouvez-moi en bas dans deux minutes.

— D'accord !

Mathilde écarta Flamme et repoussa sa couette. Elle se leva d'un bond puis enfila un jean, un tee-shirt et des tennis.

— Dépêche-toi ! lui lança-t-elle avant de se précipiter dans l'escalier.

Son père les attendait dehors devant la porte du jardin, un vieux sac de toile en bandoulière.

— Maman fait la grasse matinée ? demanda Mathilde.

— Non, elle travaille déjà à arracher les plinthes dans la boutique. Nous lui préparerons un bon petit déjeuner à notre retour.

— Super idée !

Flamme suivit Mathilde et son père dans le sentier qui descendait vers la plage. La marée était basse et la mer brillait au loin.

Ils marchèrent jusqu'à un endroit où les vagues avaient abandonné des algues et des coquillages. Flamme les renifla et dénicha un crabe mort qu'il grignota en se léchant les babines.

Mathilde fit une horrible grimace.

— Berk ! Y a pas de risque que je te vole ton petit déjeuner, chuchota-t-elle.

Flamme mâchait en ronronnant pendant que M. Roussel fouillait un gros tas d'algues.

— Qu'est-ce que tu cherches ? demanda Mathilde, curieuse.

— Devine !

— Du bois flotté ?

— Exactement !

Mathilde sourit. Son père adorait sculpter des oiseaux et des petits animaux dans le bois blanchi par le soleil et la mer. Et il avait l'intention d'en exposer dans sa nouvelle galerie.

Alors que Mathilde se dirigeait vers les rochers où elle avait trouvé Flamme, la veille, elle aperçut un grand garçon qui examinait les flaques. Il leva la tête et sourit en la voyant.

Mathilde s'avança vers lui. Alors qu'elle escaladait un tas de sable que le vent avait soufflé contre les pierres, elle s'aperçut que Flamme avait du mal à la suivre. Elle le prit sous son bras.

— Salut. Tu es nouvelle ici ? Je m'appelle Nicolas, se présenta le garçon.

Il avait des cheveux bruns ondulés et portait un tee-shirt rouge, un jean coupé et de vieilles sandales. On lui donnait dans les douze ans.

— Bonjour, moi, c'est Mathilde Roussel. Je viens d'emménager avec mes parents dans la maison là-bas, précisa-t-elle en se retournant vers la plage.

— Ah, oui ! J'ai vu que c'était ouvert. Dis donc, il est vraiment mignon, ton chat !

Flamme ronronna tandis qu'il lui caressait la tête.

— Oui, il s'appelle Flamme. Je… je ne l'ai pas depuis très longtemps. Tu habites près d'ici ?

— Oui, juste un peu plus bas que chez toi.

Jacques Roussel s'approcha à son tour avec un large sourire.

— Bonjour. Tu as trouvé des choses intéressantes ?

— Des anémones, des berniques et quelques crabes, énuméra Nicolas. Mais ce que je cherche, c'est un concombre de mer.

— N'importe quoi ! gloussa Mathilde.

— Je t'assure, on tombe sur des choses stupéfiantes parfois. Tu vois, dit-il en sortant un petit carnet tout corné de sa poche. Je note tout ce que j'ai trouvé dès que je rentre chez moi. Mon père dit que je m'intéresse plus aux animaux et aux plantes qu'aux gens !

M. Roussel éclata de rire et se tourna vers Mathilde.

— Maintenant que nous habitons au bord de la mer, peut-être que tu passeras davantage de temps dehors, au lieu de jouer pendant des heures à *Aigles et Vautours*.

— C'est quoi ? demanda Nicolas.

— Un jeu sur PlayStation, répondit Mathilde, sidérée qu'il n'en ait jamais entendu parler.

Il haussa les épaules.

— Oh, je vois. Je ne m'intéresse pas trop aux jeux vidéo, répondit-il avant de se retourner vers M. Roussel. En fait, c'est à la crique des Contrebandiers qu'on trouve le plus de choses. Je peux vous y emmener si vous voulez.

— Merci, mais j'ai beaucoup de travail qui m'attend à la maison. Pourquoi n'irais-tu pas y faire un tour avec Nicolas, Mathilde ?

— Je… euh… je ne sais pas…

Elle avait peur de s'ennuyer. Enfin, ce serait déjà mieux que de peindre les murs ou de déballer des cartons, surtout si Flamme l'accompagnait.

— D'accord ! décida-t-elle.

— Super ! répondit Nicolas. Je passerai te prendre demain matin.

— Vous serez prudents, n'est-ce pas ? lança la mère de Mathilde depuis la cuisine.

— Ne vous inquiétez pas, madame Roussel. Je connais ce coin comme ma poche, cria Nicolas du seuil de la porte.

Il portait des chaussures de marche, un short et une veste sans manches couverte de poches à fermeture Éclair. Et sans attendre que Mathilde sorte de la maison, il s'éloigna d'un bon pas.

Mathilde posa son sac par terre.

— Saute à l'intérieur, Flamme. On risque de marcher longtemps.

Flamme obéit. Mathilde mit son sac en bandoulière et courut après Nicolas.

— Hé, Nicolas ! Attends-nous !

— Nous ?

Le garçon se retourna et fronça les sourcils en voyant la tête de Flamme qui dépassait du sac.

— Pourquoi as-tu pris ton chat ? Va vite le rapporter !

— Non, non, je l'emmène partout avec moi ! protesta Mathilde.

— Dans ce cas, tu as intérêt à t'en occuper. Quand je pêche, j'ai autre chose à faire que de surveiller un chat.

— Ne t'inquiète pas, il ne te dérangera pas. Flamme n'est pas comme les autres chatons. Il est mag… euh… ma… malin. Il comprend tout ce que je lui dis.

Nicolas leva les yeux au ciel.

— Comme tu voudras !

Et il repartit d'un pas encore plus rapide.

Mathilde commençait à regretter de l'avoir accompagné. Il lui avait paru gentil, la veille, pourtant. Pourquoi la traitait-il à présent comme une gamine ?

Elle le rattrapa au moment où il s'engageait sur le chemin de la falaise. Tandis qu'ils avançaient, Nicolas lui montra de minuscules îles en lui donnant le nom du moindre tas de cailloux.

Mathilde était impressionnée. Elle devait reconnaître qu'il connaissait le coin. Et la balade avait l'air de plaire à Flamme, aussi. Il ronronnait en contemplant la mer et en reniflant le bon air salin.

Au bout d'une quinzaine de minutes, ils arrivèrent à un endroit où le chemin descendait vers la plage. Ils s'arrêtèrent devant un amas de rochers et de galets.

Mathilde aperçut tout en bas une petite crique entourée d'énormes blocs de rochers.

— Ouah ! C'est impressionnant ! chuchota-t-elle à Flamme.

— C'est la crique des Contrebandiers. Autrefois, des brigands y allumaient de grands feux pour attirer les navires sur les hauts-fonds et voler leur cargaison, expliqua Nicolas en montrant les vagues qui se brisaient sur les écueils sombres et acérés. Ensuite ils cachaient leur butin dans une grotte, un peu plus loin.

— C'est vrai ? murmura Mathilde en frissonnant.

La plage inondée de soleil lui parut soudain sinistre et hostile.

— N'aie pas peur ! la rassura Nicolas, voyant qu'elle avait pâli. C'était il y a très longtemps.

— Je n'ai pas peur ! protesta-t-elle, vexée.

— Tant mieux. Parce que je n'ai aucune envie de rentrer maintenant. Bon, moi, je vais descendre par les rochers. En suivant le chemin, ça prend dix minutes de plus et c'est moins dangereux, mais je préfère par là.

Mathilde se pencha et sentit son estomac se serrer en voyant l'à-pic.

— Je passe le premier, dit Nicolas en sautant sur le premier rocher. À la réflexion, je crois que ce sera trop dur pour toi, surtout en tennis et avec ce chat. Tu n'as qu'à prendre le chemin. C'est pas difficile, tu ne peux pas te perdre. Y a un panneau qui indique la crique des Contrebandiers.

— Mais tu ne viens pas av… commença Mathilde.

Trop tard ! Nicolas descendait déjà le précipice à toute allure.

Mathilde le suivit des yeux sans croire qu'il avait pu l'abandonner comme ça.

— Génial ! marmonna-t-elle.

Flamme dressa les oreilles et la dévisagea d'un air interrogateur.

— T'es encore là-haut ! s'écria Nicolas qui venait d'atteindre la plage. Dépêche-toi ! Je t'attends de l'autre côté, ajouta-t-il avant de disparaître derrière un gros rocher.

— Oh, il commence à m'énerver, celui-là ! Qu'est-ce qu'il croit ? Je vais descendre par les rochers, comme lui ! Ça ne doit pas être si compliqué. Accroche-toi, Flamme. On y va.

Retenant son sac d'une main, elle sauta sur une large pierre plate. Puis progressant lentement, en se tenant des deux mains aux saillies des rochers, elle descendit à reculons. C'était plus facile qu'elle le croyait.

Mathilde arrivait à mi-pente lorsque sa tennis dérapa. Déséquilibrée, elle voulut se retenir à une pierre... qui lui resta dans la main...

La fillette chercha désespérément à se rattraper, mais ses deux pieds glissèrent et elle bascula dans le vide !

4

Le temps parut s'arrêter. Flamme sauta du sac sur un rocher. Sa fourrure angora étincelait et un courant électrique parcourait ses moustaches.

— Ooooooh ! hurla Mathilde en fermant les yeux.

Elle se préparait à un atterrissage très douloureux.

Flamme leva une patte et un jet de paillettes éblouissantes tourbillonnèrent autour d'elle comme une tempête de neige.

Un picotement l'envahit. Elle sentit soudain que sa chute était freinée. Elle rouvrit les yeux et s'aperçut qu'elle était prise dans une énorme bulle qui rebondit doucement sur la plage.

Pop ! La bulle explosa.

Flamme bondit du rocher et atterrit à côté de Mathilde. Il n'y avait plus la moindre étincelle dans ses poils.

Mathilde se laissa tomber sur le sable, les jambes coupées.

Flamme se frotta contre elle, inquiet.

— Tu t'es fait mal ?

— Non, heureusement que tu étais là ! Tu as été génial, Flamme ! Tu m'as sauvé la vie. Oh, merci, merci ! dit-elle en embrassant sa petite tête soyeuse.

— J'ai été ravi de t'aider.

Nicolas sortit de derrière un rocher. En la voyant par terre, il fonça sur elle, hors de lui.

— Tu as voulu passer par les rochers et tu t'es fait mal, c'est ça ? Je t'avais pourtant dit de ne pas descendre par là !

— Mais tu m'as laissée toute seule là-haut ! rétorqua-t-elle, folle furieuse.

— Parce que je pensais que tu risquais de tomber, espèce d'idiote !

Là, il exagérait ! Mathilde se leva d'un bond et posa les mains sur ses hanches, hors d'elle.

— Et toi, tu n'es qu'un gros prétentieux qui adore donner des ordres ! Je regrette d'être venue. Je rentre chez moi !

— Bon débarras !

Les yeux remplis de larmes de rage, Mathilde remonta le chemin le long de la falaise. Flamme la suivait de son mieux en sautant d'un rocher à l'autre. Il poussa un petit miaulement de détresse en se retrouvant devant un bloc trop haut pour lui.

Mathilde le remit dans son sac.

— Désolée, Flamme, je n'aurais pas dû monter si vite, s'excusa-t-elle en le caressant.

Heureusement qu'il était là, car elle ne semblait pas près de se faire des amis !

Le temps d'arriver chez elle, elle avait retrouvé son calme. Elle se glissa silencieusement dans la maison, espérant ainsi ne pas avoir à expliquer pourquoi elle rentrait si tôt.

Elle poussa un cri de joie en voyant l'ordinateur posé sur la table, dans le bureau. Elle voulut l'allumer mais rien ne se passa.

— Génial ! murmura-t-elle. Ce n'est pas aujourd'hui que je saurai si Diane et Nina sont toujours mes amies.

Son père entra au même moment dans la pièce.

— Désolé, ma chérie, l'ordinateur n'est pas encore branché. On ne sera connecté à Internet que dans un jour ou deux. Ta balade à la crique des Contrebandiers s'est bien passée ?

— Oui, sauf que l'endroit est un peu effrayant. Nicolas m'a raconté que des brigands attiraient les bateaux sur les rochers pour les dévaliser.

— À propos, où est-il ? Il n'est pas revenu avec toi ?

— Non, je ne sais pas où il est passé. Qu'est-ce qu'on mange à midi ? demanda-t-elle pour détourner la conversation.

Son père lui décocha un coup d'œil intrigué mais n'ajouta rien.

— Je me demande qui ça peut être, dit Mathilde quand elle entendit sonner à la porte d'entrée en fin d'après-midi.

Elle courut ouvrir.

Nicolas se tenait sur le seuil, les mains dans le dos, l'air un peu piteux. Il était accompagné d'une jolie petite fille brune aux cheveux courts qui devait avoir dans les onze ans.

— Qu'est-ce que tu veux ? s'enquit Mathilde d'une voix presque désagréable.

— Euh… je… voici ma sœur, Louise.

Louise sourit à Mathilde.

— Salut. Nicolas m'a raconté votre dispute, ce matin. Cet idiot n'a vraiment aucune patience avec les filles !

Elle se tourna vers son frère et lui décocha un coup de coude.

— Allez, donne-lui, gros nigaud !

— Minute, j'allais le faire ! protesta-t-il en rougissant avant de tendre à Mathilde une paire de chaussures de marche déjà bien usées. Elles ne me vont plus et ça sera toujours mieux que tes tennis pour escalader les rochers. Et aussi… je… je voulais m'excuser pour ce matin.

Mathilde sourit malgré elle.

— C'est pas grave, dit-elle en prenant son cadeau. Je n'aurais pas dû m'énerver, moi non plus. Merci pour les chaussures.

— Alors, tout est bien qui finit bien ! s'écria Louise, soulagée. Maintenant nous pouvons être amis tous les trois. Tu sais qu'on sera dans la même classe à la rentrée, toi et moi ?

— C'est vrai ? Super ! s'exclama Mathilde à qui Louise plaisait de plus en plus.

Elle ne s'ennuierait pas à l'école avec elle !

Louise aperçut alors Flamme qui se tenait à leurs pieds.

— Oh, quel beau chaton ! Je peux le prendre ?

— Fais attention. Il est tout petit.

— Ne t'inquiète pas.

Louise souleva Flamme avec délicatesse et le serra doucement contre elle.

— Bonjour, toi, murmura-t-elle en le gratouillant sous le menton.

Flamme se mit à ronronner et ferma les yeux de plaisir.

Voyant que Louise le tenait bien, Mathilde se détendit et songea tout à coup qu'elle ne se montrait pas très polie.

— Vous voulez entrer ? Je vais vous faire visiter la maison et vous présenter à mes parents.

— J'ai bien cru que tu allais nous laisser dehors ! gloussa Louise en passant devant elle sans lâcher le chaton.

Mathilde conduisit Nicolas et Louise à la boutique où ses parents travaillaient et fit les présentations.

— Regardez ce que Nicolas m'a donné, ajouta-t-elle en brandissant les chaussures.

— C'est très gentil de ta part, Nicolas, le remercia Mme Roussel en essuyant ses mains pleines de peinture sur un chiffon.

Nicolas rougit et regarda les murs repeints, les étagères en bois et le plancher décapé.

— Qu'est-ce que ça a changé, ici ! On dirait que c'est plus clair et plus grand aussi !

— Évidemment ! s'écria Louise. C'est parce qu'on a enlevé le papier peint marron, le comptoir couverts de journaux moisis et les étagères remplies de bocaux de vieux bonbons.

— À t'entendre, ce magasin était un vrai cauchemar ! pouffa M. Roussel.

Nicolas et Louise éclatèrent de rire.

Mathilde sourit. Ses parents avaient le don de mettre les gens à l'aise. Elle fit visiter le reste de la maison à ses amis et termina par la cuisine.

— Ça vous dirait de dîner avec nous ? proposa-t-elle.

— C'est très gentil mais maman nous attend, répondit Louise. Faut qu'on y aille. Tu viens, Nico ?

Mathilde ramassa Flamme et les raccompagna à la porte.

— Au revoir. À bientôt ! leur dit-elle.

— Nous irons à vélo pique-niquer à la crique des

Contrebandiers, demain. Tu veux venir avec nous ? demanda Louise.

— Tu pourras mettre tes nouvelles chaussures, ajouta Nicolas.

Mathilde sourit tandis que Flamme ronronnait.

— Avec plaisir !

5

Mathilde pédalait, cheveux au vent. Flamme, assis dans un panier accroché à son guidon, humait avec intérêt les odeurs étranges qui lui parvenaient.

Devant, Nicolas et Louise faisaient la course : ce serait à qui arriverait le premier en haut de la côte.

— J'ai gagné ! hurla Nicolas en agitant les deux bras en l'air.

— C'est uniquement parce que tu as de plus grandes jambes que moi ! rétorqua Louise.

Elle fit demi-tour et redescendit vers Mathilde.

— On est presque arrivés. La crique se trouve juste après la pointe.

— Génial ! haleta Mathilde.

Alors qu'elle terminait péniblement la montée, Louise faisait déjà demi-tour pour repartir à la poursuite de son frère.

— Pfiou ! Ils forment un sacré duo, ces deux-là ! soupira-t-elle.

Flamme l'approuva d'un hochement de tête.

— Nous aussi, nous formons un sacré duo ?

— Nous sommes les meilleurs ! répondit Mathilde, le cœur débordant d'affection pour le minuscule chaton.

Quand elle arriva sur le haut de la falaise qui dominait la crique des Contrebandiers, elle vit qu'une aire de pique-nique y avait été aménagée ainsi qu'un petit parking avec un kiosque qui vendait des glaces et des boissons. Elle sortit Flamme du panier puis elle cadenassa son vélo comme Nicolas et Louise.

Ils s'assirent sur l'herbe pour déjeuner. Mathilde coupa un morceau de son délicieux sandwich au fromage pour le donner à Flamme.

Nicolas s'allongea sur le ventre. Sans lui laisser le temps de terminer ses chips, Louise lui sauta sur le dos, les envoyant valser dans toutes les directions.

— Hé ! J'avais pas fini ! protesta-t-il.

— Quel dommage ! Tiens, t'as encore faim ?

Louise arracha une touffe d'herbe et essaya de la lui fourrer dans la bouche.

Mathilde éclata de rire. Ils étaient complètement dingues. Pourvu qu'ils ne lui sautent pas dessus !

Au bout de quelques minutes, ils se relevèrent, leurs vêtements maculés d'herbe.

— Si on allait explorer les grottes ? proposa Nicolas en secouant ses cheveux emmêlés et pleins de brindilles.

— Mathilde va peut-être avoir peur ? s'esclaffa Louise.

Ses yeux bruns pétillaient de malice.

— Peur ? répéta Mathilde. Mais de quoi ?

— Tu ne connais pas la légende ? répondit Louise avec un clin d'œil à son frère. Un contrebandier se serait fait coincer dans la grotte par la marée montante avant de se faire emporter par des monstres marins. Et on l'entend encore hurler parfois.

— Comme si j'allais te croire ! ricana Mathilde.

Elle avait beau savoir que Louise la taquinait, elle sentit son estomac se retourner rien qu'à l'idée d'entendre des cris dans la grotte.

Nicolas rabroua sa sœur.

— Arrête, Lou, tu lui fais peur !

— Mais non, elle n'a pas peur ! Hein, Mathilde ? Allez, on y va !

Mathilde s'empressa de les suivre, Flamme sur ses talons.

Arrivés devant la caverne, ils durent escalader les rochers couverts d'algues qui en barraient l'entrée. Mathilde plissa les yeux en se retrouvant dans l'obscurité. Il faisait encore plus sombre au fond, là où la lumière du jour ne pénétrait pas. Le sol sableux de la grotte était parsemé de rochers et de grandes flaques d'eau glacée.

— Alors, vous venez ? les appela Nicolas d'une voix caverneuse.

— On arrive ! Une minute ! cria Louise avant de disparaître dans les ténèbres.

Mathilde leur emboîta le pas en se répétant qu'elle n'avait rien à craindre.

— Ça va, Flamme ? Tu veux que je te porte ? chuchota-t-elle.

— Ce n'est pas la peine, merci.

Il avançait avec précaution, une patte après l'autre. Des petites étincelles luisaient sur sa fourrure soyeuse.

Mathilde frissonna. Il faisait froid, les vieilles algues mouillées empestaient et elle ne voyait plus aucune trace de ses deux amis. Heureusement que Flamme était là !

Elle s'apprêtait à rebrousser chemin, quitte à ce qu'ils la traitent de poule mouillée, lorsqu'elle aperçut une corniche taillée dans la paroi et couverte de morceaux de bois déposés par la marée haute.

— Ouah ! Tu as vu ce bois ? Il serait idéal pour les sculptures de papa.

— Tu devrais lui expliquer où il se trouve. Il viendra le chercher, suggéra Flamme.

— J'ai une meilleure idée ! Je vais lui en rapporter pour lui faire une surprise !

Elle se hissa sur la corniche et commença à ramasser du bois, sous le regard attentif de Flamme qui s'était perché sur un rocher, au bord d'une grande flaque.

Soudain, un terrible rugissement résonna dans les ténèbres.

— Arrrrrgh !

Mathilde sursauta, le cœur battant la chamade. Le contrebandier noyé !

Elle entendit alors Nicolas et Louise pousser des cris terrifiés et courir dans sa direction.

Au moment où ils surgirent de l'obscurité, Flamme poussa un miaulement de panique. Mathilde se retourna. Elle n'eut que le temps de le voir glisser du rocher couvert d'algues visqueuses et disparaître dans la mare glaciale avec un plouf! sinistre.

6

Elle lâcha le bois qu'elle avait ramassé et sauta de la corniche.

— Flamme !

Nicolas accourut, Louise sur ses talons.

— Que s'est-il passé ? Où est-il ?

— Il est tombé dans la mare ! cria Mathilde.

La petite tête de Flamme réapparut subitement et le chaton se mit à battre désespérément des pattes.

— Nage vers le bord, Flamme ! Tu devrais pouvoir remonter ! lança Mathilde.

Flamme poussa un petit miaulement et se dirigea vers des rochers recouverts de grandes algues. Il essaya de s'y accrocher mais elles n'offraient aucune prise sous ses griffes.

— Il ne peut pas sortir, gémit Louise. Il va se noyer !

Mathilde savait que Flamme ne pouvait pas se servir de sa magie sans se trahir. Il n'y avait qu'une solution ! Elle sauta à pieds joints dans la mare.

Elle poussa un cri, surprise par l'eau glaciale dans laquelle elle s'enfonça jusqu'à mi-cuisses avant d'atterrir brutalement sur un caillou. La douleur lui vrilla la jambe. Elle s'était tordu la cheville !

Serrant les dents, elle chercha sous l'eau le chaton qui avait coulé de nouveau. Soudain ses doigts rencontrèrent un paquet de poils trempés.

— Je le tiens ! s'écria-t-elle en le soulevant triomphalement.

Elle le serra contre elle.

Frissonnant de froid, le chaton se pelotonna contre son tee-shirt trempé. Nicolas et Louise tendirent la main à Mathilde pour l'aider à sortir de la mare. Mais elle ne pouvait pas s'appuyer sur sa cheville foulée, alors elle rampa comme elle put sur les rochers.

Puis sans lâcher Flamme, elle réussit à s'asseoir. Mais la douleur la lançait et elle tremblait de la tête aux pieds. Elle laissa échapper un gémissement et se mordit la lèvre.

— Qu'est-ce que tu as ? Tu t'es fait mal ? s'inquiéta aussitôt Louise.

— Elle doit mourir de froid. Quelle idée de sauter à l'eau ! grommela Nicolas sans voir que Mathilde était livide.

Sa sœur le foudroya du regard.

— Tais-toi, Nicolas ! Et passe-lui plutôt ta veste !

Nicolas s'empressa d'obéir à sa sœur. Dès qu'il eut posé sa veste sur ses épaules, Mathilde sentit un picotement lui parcourir les doigts. Une onde de chaleur lui enveloppa le corps et ses frissons cessèrent. Elle poussa un petit cri en sentant sa douleur à la cheville augmenter brusquement puis s'écouler de sa jambe comme de l'eau qui ruisselle.

Flamme se blottit contre elle en ronronnant, son

petit corps de nouveau bien chaud et sa fourrure toute soyeuse.

— Reste avec Mathilde, Louise, je vais chercher de l'aide ! cria Nicolas en courant vers l'entrée de la grotte.

— Non ! Attends ! protesta Mathilde. Ça va aller. Et Flamme aussi. Il vaut mieux ne rien dire à personne. Si mes parents savaient ça, ils me priveraient de sortie jusqu'à la rentrée.

— Tu as raison, l'approuva Nicolas. Ça ne plairait pas à mes parents, non plus. Et vu que je suis l'aîné, c'est encore moi qui prendrais !

— Mais tu es sûre que tu vas bien ? insista Louise en examinant Mathilde et Flamme d'un regard inquiet. Je ne comprends pas. Tu es presque sèche. C'est magique !

Mathilde sourit intérieurement en regrettant de ne pas pouvoir leur raconter la vérité sur le merveilleux chaton.

— Je vous assure. Tout va bien. On y va ?

— Je crois savoir d'où venait l'affreux rugissement que nous avons entendu, annonça Nicolas alors qu'ils revenaient vers la crique des Contrebandiers. Ça devait être le vent qui soufflait par un trou, en haut de la grotte.

Louise leva les yeux au ciel.

— Tu pouvais pas le dire plus tôt ! s'exclama-t-elle en lui donnant un coup de coude.

— Aïe !

Nicolas se frotta le bras et fit semblant de lui décocher un coup de poing.

Mathilde sourit en les voyant se chamailler. Tout rentrait dans l'ordre.

— Alors, tu es remis de tes émotions ? chuchota-t-elle à Flamme en le remettant dans son panier.

Il lui donna un coup de langue sur le menton.

— Oui, tout va bien. Merci de m'avoir sauvé la vie, Mathilde. Tu as été très courageuse.

— Je n'ai pas réfléchi, tu sais. Je ne pouvais pas supporter l'idée de te perdre.

Et c'était vrai. Elle ne pouvait plus imaginer sa vie sans lui. Elle sentit son cœur se serrer à l'idée qu'un jour il devrait regagner son monde et chassa aussitôt cette pensée d'un haussement d'épaules.

7

Deux jours plus tard, Mathilde aidait sa mère à ranger les livres sur les étagères et la vaisselle dans les placards pendant que Flamme dormait au soleil, roulé en boule sur l'appui de la fenêtre.

— Déjà une semaine de passée ! déclara Mme Roussel. Il ne nous reste plus que quelques jours avant l'ouverture de la galerie.

— Oui, tout arrive en même temps ! acquiesça Mathilde.

L'ordinateur avait été enfin connecté à Internet et elle avait découvert que Diane et Nina lui avaient envoyé de longs mails. Elles s'étaient même inquiétées de ne pas recevoir de réponses. À présent, elles s'écrivaient presque chaque jour pour tout se raconter, comme avant.

La veille, ses deux amies lui avaient annoncé une grande nouvelle. Elles viendraient passer le week-end avec leurs parents pour l'inauguration de la galerie.

— J'ai hâte de leur montrer la crique des Contrebandiers et de les présenter à Nicolas et à Louise.

— Pourvu que la galerie soit prête à temps ! soupira sa mère. Il reste encore tant de choses à faire !

— Ne t'inquiète pas, la rassura Mathilde en la serrant dans ses bras. Nous allons te donner un coup de main. N'est-ce pas, Flamme ?

Le chaton cligna des yeux.

— Toi et ton imagination ! s'exclama Mme Roussel. Comme s'il pouvait m'aider ! Je devrais peut-être lui passer un balai et une serpillière !

Mathilde sourit en imaginant la scène. « Si tu savais ! » songea-t-elle.

Le lendemain, Mathilde se retrouva seule avec Flamme dans la galerie. Sa mère était allée au supermarché pendant que son père courait les magasins de meubles.

La voie était libre. Flamme en profitait pour utiliser sa magie.

— Oui ! Bravo ! jubilait Mathilde en regardant le pinceau plonger dans le vernis, s'égoutter avec précaution sur le bord du pot avant de passer sur le comptoir en bois en laissant une traînée de paillettes dans son sillage.

« Faut travailler dur, faut travailler dur ! » chantonnait gaiement le pinceau.

— Avec toi, même le bricolage devient amusant, gloussa Mathilde.

Flamme faisait sa toilette, assis par terre. Il donna un dernier coup de langue à sa patte et sourit à Mathilde.

— Je suis tellement content de te rendre service !

Mathilde entendit subitement un bruit de pas.

— Vite ! Y a quelqu'un qui arrive !

Une étincelle jaillit de la patte du chaton : le pinceau cessa de chantonner et se posa sur le pot de vernis. Mathilde le ramassa au moment où son père entrait dans la galerie, un grand carton plat sous le bras.

— Bon sang ! Tu as bien travaillé ! s'extasia-t-il en voyant le comptoir. C'est magnifique !

Mathilde souffla sur ses ongles et les polit contre son tee-shirt.

— Cela signifie-t-il que tu vas augmenter mon argent de poche ?

— Bien essayé ! s'esclaffa son père. J'y réfléchirai. Surtout si tu m'aides à monter ce placard. Il est en kit.

Mathilde frémit en entendant ces deux mots. En

kit ! Son père avait toujours de gros problèmes avec les meubles en kit ! Dommage qu'elle ne trouve pas de prétexte pour le renvoyer faire des courses. Avec Flamme, il leur aurait suffi de quelques secondes et de deux ou trois paillettes, pour monter son placard.

Mais M. Roussel retroussait déjà ses manches, déterminé à se mettre au travail.

— Bien ! Où est le mode d'emploi ? marmonna-t-il en éventrant le carton.

La mort dans l'âme, Mathilde s'agenouilla à côté de lui.

Une heure et demie plus tard, il y avait des morceaux de meuble et des paquets de vis étalés partout.

Flamme renifla l'un des sacs et le tapota de sa patte.

— Je t'en prie, Flamme, laisse ça tranquille, le gronda gentiment Mathilde en récupérant vite les vis avant qu'elles ne se répandent dans toute la pièce.

Elle se tourna vers son père qui commençait à s'énerver.

— Et si tu attendais le retour de maman pour terminer ?

Il se releva en poussant un profond soupir et s'essuya le front avec sa manche.

— Tu as raison. J'abandonne ! Je me demande quel est le malade qui a écrit les instructions de montage ! On devrait l'enfermer !

— Non, papa, c'était vraiment très compliqué, le rassura-t-elle, en se retenant de rire. Je vais descendre à la plage avec Flamme, si tu n'as plus besoin de nous.

— Bonne idée. Tu passes voir Nicolas et Louise ?

— Non, ils sont allés en ville avec leur mère acheter leurs fournitures scolaires. Mais Flamme me tiendra compagnie. C'est le meilleur ami qu'on puisse avoir.

M. Roussel se pencha vers le chaton pour le caresser.

— Amusez-vous bien tous les deux. Et si vous voyez de beaux morceaux de bois flotté, pensez à moi.

— Compte sur nous. Tu viens, Flamme ?

Elle sortit dans le jardin avec le chaton qui trottinait derrière elle. Son vélo était appuyé contre le mur de la maison. Elle le poussa dans la rue.

Flamme plissa le front.

— Nous n'en avons pas besoin pour aller à la plage, remarqua-t-il.

— Sauf si on va à la crique des Contrebandiers. Tu te souviens de tous ces beaux morceaux de bois qu'on a vus dans la grotte ? Je voudrais les rapporter à papa. Il a besoin qu'on lui remonte le moral après ce montage raté !

— C'est gentil. Mais tu devrais peut-être lui dire où tu vas. Ou lui demander de nous accompagner.

Mathilde réfléchit. Elle avait le pressentiment que son père trouverait la crique trop éloignée pour qu'elle s'y rende toute seule. En revanche, si elle ne lui disait rien, il ne pourrait pas lui interdire d'y aller.

— Non, nous sommes prêts. Allons-y. Ça ne prendra pas longtemps.

Elle mit Flamme dans le panier et ils partirent.

Des nuages de pluie s'accumulaient dans le ciel et un petit vent froid soufflait, mais Mathilde n'y prêta aucune attention. Elle était si heureuse de pédaler en compagnie de Flamme. Il était assis devant elle, les oreilles dressées, ses petites pattes antérieures posées sur le bord du panier.

Le parking de la crique était presque désert. Il n'y avait pas de pique-niqueurs, juste un couple assis sur un banc qui contemplait la mer. La fille du kiosque à glaces lisait le journal.

Mathilde cadenassa sa bicyclette et prit le chemin qui descendait la falaise, suivie de Flamme. Ils arrivèrent rapidement à l'entrée de la grotte et escaladèrent avec précaution les blocs qui bouchaient l'entrée.

Mathilde ne put s'empêcher de frissonner en avançant sur le sable. Elle remarqua la marque verte et visqueuse sur le pourtour de la caverne qui indiquait le niveau de l'eau à marée haute.

La dernière fois qu'ils étaient venus, c'était par une belle journée ensoleillée mais, ce jour-là, l'endroit était sinistre. La grotte lui parut encore plus sombre. Mathilde se mordilla la lèvre au souvenir des histoires effrayantes que lui avait racontées Louise.

— Ça ne va pas ? miaula Flamme.

— Si, mais cet endroit me flanque la frousse. Dépêchons-nous d'aller ramasser le bois et rentrons.

Flamme hocha la tête. Soudain il se redressa et scruta le fond de la grotte, comme s'il avait entendu quelque chose.

— Qu'est-ce que…

Mathilde s'arrêta net en entendant un éclat de rire caverneux résonner dans l'obscurité. Et il se rapprochait…

Elle écarquilla les yeux de frayeur en voyant une étrange créature émerger des ténèbres. On aurait dit qu'elle avait un dos rond et plein de pattes sombres et luisantes. Mathilde sentit son sang se glacer : le monstre venait vers elle !

8

— Ah ! Un m-monstre ! Flamme, au secours ! bégaya-t-elle, incapable de faire un geste.

La légende disait donc vrai ! Des monstres marins vivaient dans cette grotte !

À côté d'elle, Flamme cracha. Elle vit des étincelles briller dans sa fourrure puis, à sa grande surprise, s'éteindre alors que la créature apparaissait à la lumière.

Mathilde se força à la regarder.

Quel soulagement ! Ce n'étaient que six adolescents en tenue de plongée qui portaient un canot gonflable au-dessus de leurs têtes. Il n'y avait jamais eu de monstre !

Un rire nerveux la secoua alors que les enfants passaient devant elle.

— Salut ! lui lancèrent-ils joyeusement.

— Salut ! répondit-elle en agitant la main.

Elle les regarda reposer le canot dans l'eau qui clapotait à l'entrée de la grotte. Les uns montèrent à bord pendant que les autres tiraient l'embarcation hors de sa vue.

Juste avant de disparaître, l'un d'eux lui lança :

— Ne reste pas là ! Fais attention à...

La fin de sa phrase fut couverte par le bruit des vagues qui se fracassaient sur les rochers.

Dès qu'ils furent seuls, Mathilde se retourna vers Flamme.

— Pfiou! j'ai vraiment eu peur tout à l'heure! Maman a raison: j'ai une imagination délirante!

Flamme lui sourit derrière ses moustaches et se frotta contre ses chevilles.

— Tu sais, moi aussi, j'ai cru que c'était un monstre!

Mathilde le caressa affectueusement.

— Tu me rassures. Je me sens moins stupide! Viens, allons chercher notre bois.

Elle remonta sur la corniche et commença à ramasser de gros morceaux tortueux et blanchis. Son père pourrait les utiliser pour sculpter de superbes oiseaux. Quand elle en eut assez pour remplir son panier, elle redescendit vers le fond sablonneux de la grotte.

— Zut!

Elle avait de l'eau de mer jusqu'aux chevilles!

Elle se tourna vers l'entrée et vit que la mer atteignait les rochers. La marée montait vite. Mathilde comprit tout à coup contre quoi le garçon l'avait

mise en garde. Elle se souvint aussi de la marque verte laissée par le niveau de l'eau sur les murs de la grotte. Combien de temps faudrait-il pour qu'elle soit complètement inondée ?

— Nous sommes coincés, Flamme ! La seule façon de nous en sortir, c'est de nager !

Mathilde contempla l'ouverture de la caverne avec horreur. Les flots gris et froids s'engouffraient de plus en plus vite. La pensée de devoir entrer dans ces eaux tumultueuses la terrifiait.

Des étincelles jaillirent de la fourrure de Flamme et ses moustaches crépitèrent.

— Suis-moi ! cria-t-il.

Dans une pluie de paillettes aveuglantes, il se précipita vers les eaux rugissantes qui sautaient d'un rocher à l'autre.

— Attends-moi ! Je n'y arriverai jamais ! J'ai trop peur !

— Fais-moi confiance !

Et sans l'attendre, il plongea dans les eaux bouillonnantes et glacées.

Mathilde sentit l'étrange picotement lui parcourir le corps tout entier. Ses pieds l'entraînèrent malgré elle derrière Flamme. Prise d'une énergie subite, elle banda ses muscles et plongea.

D'un superbe coup de queue et grâce à ses nageoires puissantes, elle fonça sous l'eau. Elle était pourvue d'une force et d'un aérodynamisme nouveaux. En voyant sa peau grise et lisse, elle comprit que Flamme l'avait changée en dauphin !

Sa tête effilée fendait les vagues dans un nuage de bulles. Des bancs de poissons argentés s'écartèrent tandis qu'elle piquait vers le fond. Elle n'eut aucun mal à contourner la crique ni à éviter les écueils acérés.

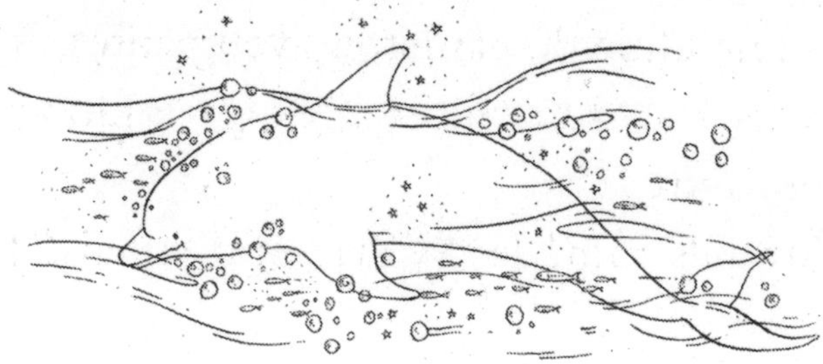

Après s'être follement amusée à sauter et caracoler sur l'eau, elle se décida enfin à rentrer. Elle se laissa porter sur la crête d'une vague, comme une surfeuse, jusqu'à la rive.

À peine ses pieds frôlèrent-ils le sable qu'elle se releva d'un bond. Elle était redevenue une fille. Elle remonta la plage en courant et constata avec étonnement qu'elle était presque sèche.

— Ouah ! Merci, Flamme. C'était génial ! J'ai adoré me transformer en dauphin ! Quelle chance j'ai de t'avoir comme ami ! J'espère que tu resteras toujours avec moi.

— Je resterai aussi longtemps que je le pourrai, répondit-il d'une petite voix triste.

9

— Bon, eh bien, papa devra encore attendre un peu pour avoir son bois flotté, murmura-t-elle en empruntant le chemin qui menait vers le haut de la falaise.

Les yeux de Flamme pétillèrent mais il resta muet.

Mathilde avait mal aux jambes quand elle arriva enfin au parking. Pourtant, quand elle s'approcha de son vélo, son visage s'illumina. Son panier débordait de superbes bouts de bois polis et blanchis par les flots.

— Oh, Flamme, tu es merveilleux ! Tu penses à tout.

— J'essaie, répondit-il d'un ton modeste.

Mathilde l'installa du mieux possible puis elle détacha son vélo. Elle prit le chemin du retour tout en souriant au souvenir des sensations fantastiques qu'elle avait éprouvées dans la peau d'un dauphin. Elle n'oublierait jamais cette folle expérience.

Quelques gouttes de pluie commencèrent à tomber alors qu'elle arrivait près de chez Nicolas et Louise. Justement, leur voiture venait de se garer devant la maison et ils en descendaient, les bras chargés de paquets. Mathilde mit pied à terre.

— Salut ! Tu as fait une bonne promenade avec Flamme ? lui demanda Nicolas.

— Bof! Nous sommes juste allés ramasser du bois flotté pour mon père!

Même si elle avait pu lui raconter la vérité, jamais Nicolas ne l'aurait crue.

— Et vous? Vous vous êtes bien amusés?

— Tu parles! Les courses pour l'école, quelle corvée! répondit Louise avec une grimace.

Mathilde éclata de rire. Avec toutes ses émotions, elle avait complètement oublié la raison de leur expédition en ville.

— C'est vrai ! Je vous plains. Vous voulez qu'on aille faire un tour ?

Nicolas contempla le ciel de plus en plus menaçant.

— Ça me paraît compromis. Il va tomber des cordes. Avec un temps pareil, la plage, c'est fichu !

— Si on allait chez Mathilde faire une partie d'*Aigles et Vautours*, suggéra Louise.

— Je ne savais pas que tu aimais les jeux vidéo ! s'étonna Mathilde.

— Tu ne m'as jamais posé la question. J'adore ça ! C'est Nicolas qui ne s'y intéresse pas. Il préfère griffonner dans son vieux carnet ses observations ennuyeuses sur d'horribles insectes ou des plantes bizarres.

— Mais ça n'a rien d'ennuyeux ! protesta-t-il.

— Ce n'est pas ce qu'elle voulait dire ! la défendit aussitôt Mathilde, sentant une nouvelle dispute sur le point d'éclater. Moi, j'adore l'observation de la nature *et* les jeux vidéo. Je dois rentrer maintenant. Je vous attends ?

— D'accord, à tout à l'heure, répondirent Nicolas et Louise d'une seule voix tandis qu'elle repartait.

— Ah, ces deux-là, tous les prétextes sont bons pour se chamailler ! confia-t-elle à Flamme en s'éloignant.

Un roulement de tonnerre gronda au-dessus de sa tête. Des éclairs déchirèrent le ciel au moment où Mathilde entrait dans sa chambre.

— Flamme ? Où es-tu ? demanda-t-elle en regardant autour d'elle.

Bizarre ! Flamme avait filé dès qu'il avait eu terminé son rapide repas. Après l'avoir cherché en vain au rez-de-chaussée, elle en avait déduit qu'il était monté faire un somme.

— Nicolas et Louise viennent d'arriver. Tu ne veux pas descendre nous regarder jouer ?

Elle remarqua alors une petite bosse sous sa couette. Elle la souleva et aperçut la queue touffue de Flamme qui dépassait de l'oreiller.

— À quoi tu joues ? À cache-cache ?

Son sourire s'effaça en voyant le regard anxieux du chaton. Aussitôt une terrible angoisse l'envahit.

— Tu as senti les espions de ton oncle ? Ils viennent te chercher ?

Flamme hocha la tête en tremblant.

— Oui, ils ne sont pas loin. Mais peut-être qu'ils passeront sans me voir si je reste très tranquille.

— Mais... si jamais ils te trouvent ? murmura-t-elle dans un souffle.

— Il faudra que je file en vitesse si je veux sauver ma peau.

— Je comprends, soupira Mathilde d'une petite voix, terrifiée à cette idée.

C'était horrible de penser qu'il allait la quitter mais pire encore d'imaginer qu'il risquait de lui arriver malheur.

— Je reste avec toi, déclara-t-elle, se forçant à garder son calme. Je vais juste prévenir Nicolas et Louise que je n'ai plus envie de jouer.

Flamme secoua la tête et se roula en une boule très serrée.

— Non, Mathilde. Tu ne ferais qu'attirer l'attention sur moi. Je t'en prie, laisse-moi seul.

— Très bien.

Mathilde remonta la couette par-dessus les oreillers. C'était impossible de voir qu'un chaton se cachait dessous.

— Alors… à tout à l'heure, murmura-t-elle avant de sortir sur le palier.

« Du moins je l'espère ! » songea-t-elle, la gorge nouée par le chagrin.

Elle ne supportait pas l'idée que Flamme la quitte sans même avoir le temps de lui dire au revoir.

10

— Alors, à demain, pour la grande inauguration de la galerie ! lança Mathilde à Nicolas et Louise.

— Tu peux compter sur nous ! répondit Louise avec un grand sourire.

— Merci pour le jeu. Mais tu es sûre que… que ça va ? hésita Nicolas, l'air inquiet.

— Oui, je te jure, mentit Mathilde qui n'avait pas cessé de penser à Flamme pendant toute la partie.

Dès qu'ils eurent disparu, elle monta quatre à quatre l'escalier. Elle poussa doucement la porte de sa chambre, le cœur battant.

— Flamme !

Assis sur le lit, le chaton lissait ses moustaches. Dès qu'il vit Mathilde, il sauta par terre et courut vers elle, en battant l'air de sa queue touffue.

— J'ai bien cru que je ne te reverrais jamais ! s'écria-t-elle en le prenant dans ses bras, un sourire radieux sur les lèvres.

Il frotta le dessus de sa tête contre son menton.

— Les espions de mon oncle sont partis. Je suis en sécurité. Du moins pour l'instant.

— Génial ! J'espère que ces monstres ne reviendront jamais !

— Hélas, ils savent que je suis dans les parages. Ils ne cesseront jamais de me chercher. Et je devrai sans doute disparaître sans prévenir. Tu le comprends, Mathilde ?

Elle hocha la tête, bien déterminée cependant à ne pas y penser. Son merveilleux ami était toujours là, c'était tout ce qui comptait.

— Descendons vite. Maman a acheté des sardines à l'huile. Ça te dirait ?

Flamme lui répondit par un miaulement impatient.

— Tu es magnifique ! s'exclama Mathilde en contemplant sa mère, le lendemain après-midi.

Mme Roussel avait relevé ses cheveux en chignon et portait une ravissante robe bleue avec des boucles d'oreilles assorties.

— Merci, ma chérie, répondit-elle, en finissant d'emballer une pile de sandwichs dans du film plastique.

— À quelle heure les gens vont-ils arriver ?

— Pas avant une heure, je pense. Bon, j'ai terminé. Tu veux bien porter ces sandwichs sur la table, s'il te plaît ?

Mathilde prit le plat et se dirigea vers la galerie, Flamme à sa suite.

Le chaton semblait avoir retrouvé sa joie de vivre. Mathilde ne voyait plus aucune trace de son anxiété de la veille. Elle avait fini par se convaincre que ses ennemis l'avaient complètement oublié. Elle sourit en imaginant les mille aventures qu'ils partageraient encore.

Elle aperçut son père qui installait des sièges.

— Bon. Qu'est-ce que tu en penses ? demanda-t-il alors qu'elle posait le plat sur le buffet déjà couvert de délices de toutes sortes.

Mathilde contempla le plancher et le vieux comptoir qui brillaient d'un beau ton de miel. Des peintures étaient accrochées sur les murs d'un blanc immaculé. De superbes oiseaux colorés étaient exposés sur les nouvelles étagères.

— C'est fantastique ! Tout le monde va adorer ! répondit-elle d'une voix remplie de fierté.

— Je crois que nous allons être très heureux, ici, déclara-t-il en la serrant dans ses bras.

— J'en suis sûre. J'aimerais tellement que Diane et Nina soient déjà là. J'ai horreur d'attendre une fois que je suis prête.

Son père lui ébouriffa les cheveux.

— Tu as encore le temps de descendre à la plage si tu fais vite.

Elle ne se le fit pas dire deux fois.

— Tu viens, Flamme ?

Elle sortit en courant dans le jardin, le chaton caracolant derrière elle. Ils arrivaient au portillon lorsque Mathilde pila net.

Deux formes sombres montaient l'escalier. Elles poussèrent un feulement de rage en sentant l'odeur de Flamme et se jetèrent contre le portillon fermé.

Ses ennemis l'avaient retrouvé !

— Vite, Flamme, sauve-toi ! hurla-t-elle.

Il y eut un éclair aveuglant. Là où se tenait un minuscule chaton, quelques secondes auparavant, apparut un magnifique lionceau blanc. Un lion âgé au poil gris se tenait près de lui.

Flamme se tourna vers Mathilde et un sourire lui plissa les yeux.

— Fais bien attention à toi, Mathilde, dit-il d'une voix de velours.

Sur ces mots, une nuée d'étincelles l'enveloppa et les deux lions disparurent !

— Au revoir, Flamme, je ne t'oublierai jamais, murmura-t-elle, les yeux remplis de larmes.

Quel soulagement de savoir qu'il avait encore échappé à ses ennemis ! Un jour, Flamme serait enfin roi.

Elle entendit alors son père qui l'appelait de la cuisine.

— Mathilde ! Ah, tu es là ! Diane et Nina te cherchent partout ! Et Nicolas et Louise viennent d'arriver !

Mathilde s'essuya les yeux. Flamme lui manquerait terriblement mais elle était heureuse de revoir ses amies. Elle avait tant de choses à leur raconter. Elle courut vers la maison, un grand sourire aux lèvres.

Les chiots magiques

À la ferme

Mon petit Foudre chéri,

Tu as été si courageux depuis que tu as échappé aux griffes du cruel Ténèbre !

Ne t'inquiète pas pour moi, je me cache en attendant le jour où tu seras assez fort pour prendre la tête de notre meute. Tu dois continuer de fuir Ténèbre et ses espions. S'il découvrait cette lettre, il n'hésiterait pas à la détruire.

Cherche un ami sincère, quelqu'un qui t'aidera à accomplir la mission que je vais te confier. Écoute-moi attentivement, c'est très important : tu dois toujours

Sache que tu n'es pas seul. Aie confiance en tes amis, et tout ira bien.

Ta maman qui t'aime,

Perle-d'Argent.

Prologue

Foudre lapait le filet d'eau claire qui coulait au milieu de la rivière gelée. Quel bonheur d'être de retour !

Mais la joie du jeune loup s'envola à la pensée de sa mère : Perle-d'Argent était blessée et devait se cacher.

Soudain, un hurlement terrible résonna dans le vent.

— Ténèbre ! gémit Foudre.

Il y eut un éclair aveuglant suivi d'une pluie d'étincelles dorées. À la place du louveteau apparut un chiot, un border collie à l'épaisse fourrure noir et blanc et aux grands yeux bleu saphir.

Foudre se mit à trembler. Pourvu que ce déguisement le protège de son ennemi ! Le ventre au ras du sol, il se glissa sous un buisson.

Une silhouette sombre s'avançait dans les fourrés, faisant voleter la neige. Foudre sentit son cœur s'arrêter. Ténèbre l'avait retrouvé !

Mais au lieu du museau sombre et du regard noir du cruel loup solitaire, Foudre reconnut les grands yeux d'or qu'il aimait tant.

— Mère ! s'écria-t-il avec soulagement.

— Je suis heureuse de te voir sain et sauf, mon fils, mais tu as mal choisi ton moment pour revenir, murmura la louve d'une voix de velours.

Elle frotta son museau contre la tête du chiot et laissa échapper un cri de douleur.

— Tu n'es toujours pas remise de la morsure empoisonnée de Ténèbre ! remarqua Foudre avec tristesse.

Il souffla sur la patte blessée : une nuée d'étincelles la recouvrit puis se dissipa.

— Merci, Foudre. La douleur s'atténue. Mais il est encore trop tôt pour que tu puisses me guérir. Tu dois t'en aller, Ténèbre approche.

Soudain submergé de tristesse, le chiot songea à son père et à ses frères que Ténèbre avait tués. Depuis, la meute de la Lune Griffue s'était dispersée. Ses yeux saphir lancèrent des éclairs.

— Un jour, je reviendrai affronter Ténèbre à tes côtés.

Perle-d'Argent acquiesça avec fierté.

— D'ici là, cache-toi dans l'autre monde sous ce déguisement. Tu reviendras quand tu seras plus fort.

Un nouveau hurlement déchira le silence.

— Je sais que tu es là. Sors de ta cachette, qu'on en finisse ! rugit Ténèbre.

— Va-t'en, Foudre ! Sauve-toi ! le pressa sa mère.

Le chiot gémit tandis qu'il rassemblait ses pouvoirs. Son épaisse fourrure noir et blanc scintilla, elle se mit à briller… briller… briller…

1

Camille Finois se réveilla en sursaut. Perplexe, elle contempla le plafond blanc avec ses grosses poutres noires. La pluie coulait le long des vitres. Des chants d'oiseaux, des bruits d'animaux et des voix lui parvenaient de l'extérieur.

Elle se souvint alors que ses parents l'avaient envoyée chez son oncle et sa tante : elle se trouvait dans la chambre aménagée sous les combles, dans leur ferme du Diable-Vauvert.

La pièce était encore plongée dans la pénombre. Une rafale de vent secoua la fenêtre. Camille remonta la couette sur sa tête et se blottit bien au chaud.

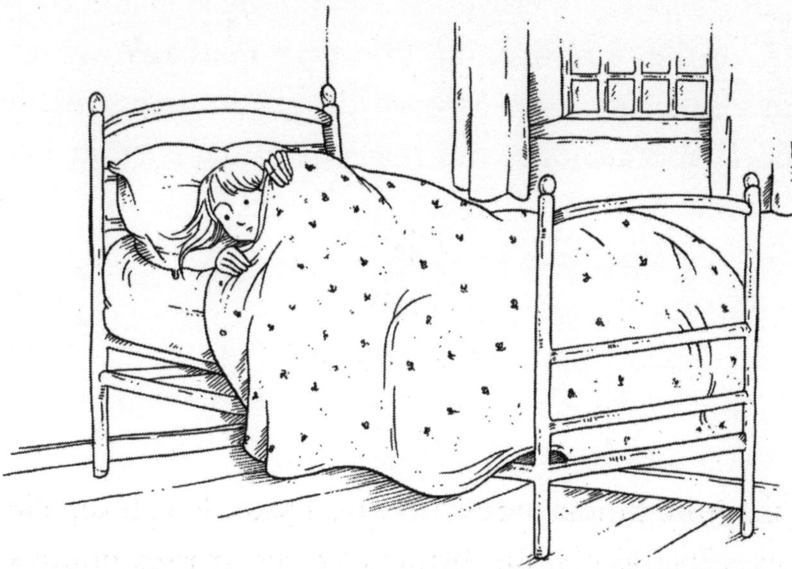

Soudain, la porte de la chambre s'ouvrit. Elle entendit quelqu'un s'approcher sur la pointe des pieds et sentit un courant d'air glacial quand sa couette s'envola.

— Debout, tout le monde ! cria une voix enjouée. La journée commence tôt à la ferme !

— Eh ! Rends-moi ça ! protesta-t-elle en fusillant du regard son cousin Quentin.

— Pas question ! rétorqua-t-il, une lueur malicieuse dans ses yeux noisette.

Et il jeta la couette à l'autre bout de la chambre.

Camille se renfrogna. Elle avait neuf ans, Quentin douze, mais parfois, on lui en donnait à peine six. Il adorait jouer des mauvais tours, surtout à sa cousine.

— Ce que tu es méchant !

— Oh, tu vas pas en faire une maladie, quand même ! Alors tu descends ou pas ?

Camille s'assit dans son lit et croisa les bras.

— Tante Émilie a dit que je n'étais pas obligée de me lever aux aurores le premier jour.

— T'as pas vu la tête que tu faisais hier soir ! J'ai entendu ce que tu as dit à tes parents avant qu'ils s'en aillent. « C'est pas juste ! Je vais m'ennuyer à mourir chez ces ploucs ! » l'imita-t-il en prenant une petite voix geignarde.

— Je ne parle pas comme ça ! protesta-t-elle en rougissant. Et puis, comment tu réagirais, toi, si tes parents t'abandonnaient pour aller passer quinze jours en Amérique ?

Quentin leva les yeux au ciel.

— C'est pas comme s'ils partaient en vacances ! Ils font un voyage d'affaires.

— N'empêche que j'aurais bien aimé les accompagner.

En dehors des nuits où elle restait dormir chez une amie, elle n'avait encore jamais été séparée de ses parents. Ils allaient terriblement lui manquer.

— T'es une belle égoïste ! Je parie que t'as même pas pensé à ce que ça pouvait me faire, à moi.

Elle fronça les sourcils.

— Je ne vois pas le rapport !

— Ben, va falloir que je te supporte ! Figure-toi que mes parents m'ont chargé de veiller sur toi. Tu parles d'un cadeau de se retrouver avec une gamine pourrie gâtée sur les bras !

— Je te remercie ! Ne t'inquiète pas ! Je ferai tout pour t'éviter !

Elle se leva d'un bond et marcha à grands pas vers l'armoire.

— Tu peux me laisser maintenant ? Je voudrais m'habiller.

— Je croyais que tu voulais faire la grasse matinée ?

— J'ai changé d'avis. Comme toutes les gamines pourries gâtées !

— Ben voyons !

Quentin sortit de la chambre et claqua la porte derrière lui. Camille lui tira la langue.

Elle avait oublié à quel point son cousin pouvait être pénible. Il n'avait vraiment pas l'air content de sa visite. Son moral s'effondra quand elle songea aux deux longues semaines qui l'attendaient.

— Bonjour, Camille, lança tante Émilie lorsqu'elle sortit dans la cour. Tu es tombée du lit ! Tu as bien dormi ?

— Très bien, merci.

« Et je dormirais encore si Quentin ne m'avait pas réveillée ! » se dit-elle.

Sa tante souleva un seau rempli d'épluchures.

— Les chèvres adorent les légumes frais. Ça les met de bonne humeur avant la traite. Tu m'accompagnes ?

— Pourquoi pas ? répondit Camille.

Les chèvres ne l'intéressaient guère, mais l'heure du petit déjeuner était encore loin et elle n'avait rien d'autre à faire.

Elle emprunta un ciré et des bottes en caoutchouc et suivit sa tante dans l'étable. Une forte odeur de crottin lui monta aux narines.

— Pouah ! Elle se pinça le nez.

— Ça sent la ferme ! s'esclaffa sa tante. Tu t'y habitueras.

Camille en doutait. Elle s'approcha des chèvres marron et blanc parquées dans des petits enclos alignés le long des murs.

— Oh, qu'elles ont l'air triste ! s'étonna-t-elle. C'est quoi, comme race ?

— Des Anglo-Nubiennes. C'est vrai qu'avec leurs museaux allongés et leurs longues oreilles pendantes, on dirait qu'elles s'ennuient, reconnut tante Émilie en conduisant l'une d'elles vers une estrade en bois.

L'animal grimpa dessus et, quelques secondes après, Camille vit le lait jaillir dans un seau.

— Ensuite, je vends leur lait, les yaourts et les fromages dans les magasins des alentours, expliqua tante Émilie. Ma laiterie se trouve à côté, tu peux y aller quand tu veux. Tout ce que je te demande, c'est de me prévenir avant. Je suis très exigeante sur l'hygiène.

Camille hocha la tête.

La traite finie, sa tante filtra le lait et le transvasa dans un bidon métallique.

— Laisse-moi le temps de le porter à la laiterie et ensuite nous irons préparer le petit déjeuner.

Un bêlement sonore s'éleva du fond de l'étable.

— Qu'est-ce que c'est ? s'exclama Camille.

— C'est Nestor, mon nouveau bélier. Il n'est là que depuis une semaine et il proteste parce qu'on ne s'occupe pas de lui.

— Je peux aller le voir ?

— Bien sûr, mais fais atten…

La fin de la phrase fut couverte par l'arrivée de Quentin.

— Ah, t'es là ! s'écria-t-il en reculant pour laisser sortir sa mère. Pourquoi tu te caches ?

— Je ne me cache pas. Ta mère m'a proposé d'assister à la traite.

Quentin repoussa une mèche de cheveux mouillés qui lui tombait dans les yeux.

— Papa m'envoie te demander si tu veux venir avec moi promener Bella.

Bella était la vieille border collie qui gardait autrefois le troupeau.

— Non, merci, répondit sèchement Camille, vexée qu'il lui fasse cette proposition uniquement sur l'ordre de son père. Je vais voir Nestor.

— Attends ! Je t'accompagne. Bella peut attendre. Surtout qu'il faut la supplier pour qu'elle sorte. Elle vieillit mal depuis qu'elle ne travaille plus.

Nestor occupait un enclos derrière des ballots de paille. C'était un bélier brun foncé à l'encolure blanche.

— On dirait qu'il porte une écharpe ! s'exclama Camille quand il leva la tête vers elle d'un air inquisiteur.

Quentin souleva le loquet et fit signe à Camille d'entrer la première.

Elle hésita.

— Tu es sûr qu'on ne risque rien ?

— Évidemment ! T'as la frousse ou quoi ?

Mais à peine Camille fit-elle deux pas dans l'enclos que Quentin lui donna une bourrade dans le dos et referma la porte derrière elle. Elle trébucha et faillit s'étaler de tout son long dans la paille.

— Imbécile ! hurla-t-elle tandis que son cousin s'enfuyait à toutes jambes. C'est pas drôle !

Un grognement de protestation retentit derrière elle. Elle se retourna d'un bond : Nestor la fixait, les babines retroussées, le regard mauvais.

— Oh, gentil, le bélier, gentil ! murmura-t-elle.

Nestor baissa la tête, prêt à charger !

2

Camille sentit son cœur s'affoler.

Soudain, un éclair l'aveugla et une nuée d'étincelles dorées retomba en pluie autour d'elle et de Nestor. Éblouie, elle se frotta les yeux. Un drôle de picotement parcourut son dos.

Quand elle rouvrit les paupières, elle découvrit Nestor, figé comme une statue. Un minuscule chiot noir et blanc, avec d'immenses yeux bleu saphir, était assis entre les pattes du bélier. On aurait dit que sa fourrure scintillait.

— Que s'est-il passé ? s'exclama-t-elle.

Le petit chien se redressa.

— Je m'appelle Foudre et j'appartiens à la meute de la Lune Griffue. Je viens de très, très loin.

— Tu… tu parles ? bredouilla-t-elle, sidérée.

Brusquement, elle comprit. Il ne pouvait s'agir que d'une nouvelle farce de son maudit cousin ! Elle regarda autour d'elle, prête à l'entendre ricaner bêtement.

Mais pas de Quentin aux alentours. Elle tourna lentement les yeux vers le chiot qui continuait à la fixer, tandis que Nestor restait immobile.

— Je n'y comprends rien, murmura-t-elle, déconcertée.

Le chien avança vers elle ; ses pattes semblaient bien trop grosses pour son corps.

— J'ai utilisé la magie pour empêcher cet animal de te faire du mal, aboya-t-il. Qui es-tu ?

— Je… je suis Camille. Camille Finois.

Il la salua de la tête.

— Je suis très honoré de faire ta connaissance, Camille.

— Euh… moi aussi. Mais… qui… qui es-tu ?

Il ne répondit pas. Un nouvel éclair éblouit Camille. Elle se retrouva à l'extérieur de l'enclos. Elle entendit derrière elle un bruissement de paille et le bélier reprit ses bêlements, visiblement peu perturbé par ce qui venait de se passer.

Camille chercha le chiot des yeux. Mais il avait disparu. Devant elle se tenait un jeune loup à la magnifique fourrure argentée, aux yeux saphir.

— C'est toi, Foudre ? s'écria-t-elle en considérant avec inquiétude ses crocs acérés et sa fourrure qui jetait des étincelles.

— Oui, c'est moi, Camille, n'aie pas peur, la rassura-t-il d'une voix de velours.

De la lumière dorée fusa encore, et il reprit son apparence de chien de berger, noir et blanc.

— Waouh ! Il est génial, ton déguisement ! Personne ne peut imaginer que tu es un loup. Mais pourquoi te caches-tu ?

Foudre se mit à trembler comme une feuille et ses yeux brillèrent de colère.

— Mon père et mes trois frères ont été tués par Ténèbre, un loup solitaire et cruel. Il a aussi empoisonné ma mère en la mordant. Il me recherche. Peux-tu m'aider, Camille ?

— Quelle question ! répondit-elle en le prenant dans ses bras, tout attendrie.

Certes, Foudre l'avait impressionnée en jeune loup. En petit chien, elle le trouvait irrésistible.

— Je vais demander à tante Émilie si tu peux dormir avec moi, ajouta-t-elle en lui caressant les oreilles.

Il lui donna un coup de langue sur le menton.

— Merci, Camille.

— Attends un peu que je raconte mon aventure à Quentin ! Il va mourir de jalousie !

Le chiot la regarda, la mine subitement grave.

— Non, Camille ! Tu ne dois confier mon secret à personne !

Camille ne voulait surtout pas mettre son nouvel ami en danger. Et puis, Quentin avait été si méchant avec elle qu'il ne méritait pas de connaître l'histoire du chiot.

— D'accord, promit-elle. Tu peux compter sur moi. Ton secret sera bien gardé.

— Alors tu as un ami imaginaire ? lança soudain Quentin derrière elle. Mais d'où tu sors ce joli petit chien ? s'exclama-t-il en découvrant Foudre.

— Je viens de le trouver. Il dit qu'il s'ap…

Camille s'arrêta net en s'apercevant qu'elle avait bien failli faire une gaffe.

— Je… je l'ai appelé Foudre, se reprit-elle.

L'expression de Quentin s'adoucit.

— Bella lui ressemblait comme deux gouttes d'eau quand elle était petite. Ça doit être aussi un border collie. Donne-le-moi !

— Non, je préfère le garder, il a peur.

Quentin fronça les sourcils.

— Pour qui tu te prends, pour sa maîtresse ? Puisque tu l'as trouvé dans mon étable, c'est à moi qu'il appartient. Alors, tu me le rends tout de suite !

Camille hésita, craignant encore une méchanceté de sa part. Surtout qu'il ne s'était même pas excusé de l'avoir poussée dans l'enclos de Nestor !

— Ne t'inquiète pas, aboya Foudre. Fais ce qu'il te dit.

Camille cligna des yeux de stupéfaction. Pourquoi lui parlait-il devant Quentin ? Mais, apparemment, ce dernier n'avait rien remarqué. « J'espère que tu sais ce que tu fais, Foudre », songea-t-elle en le tendant de mauvaise grâce à son cousin.

Avec un air de triomphe, Quentin se précipita pour le prendre. À l'instant où il toucha sa fourrure noir et blanc, le chiot poussa un cri et sauta en arrière.

— Ouille ! hurla-t-il en secouant ses doigts. Ça m'a piqué ! Il a des aiguilles dans les poils, ou quoi ?

— Je vais regarder, répondit Camille en serrant le chiot contre elle. Tu devrais aller demander du désinfectant à ta mère.

— Oui... peut-être.

Elle suivit des yeux Quentin qui s'éloignait en se frictionnant les mains puis elle se pencha vers le chiot.

— Foudre ! Tu es un vilain ! Tu lui as donné une décharge d'étincelles invisibles, c'est ça ?

Une lueur malicieuse fit briller ses grands yeux bleus.

— Je crois que j'y suis allé un peu fort, reconnut-il. Mais la douleur se dissipera vite.

— Bien fait pour lui ! Peut-être qu'il y réfléchira à deux fois avant de recommencer. Mais pourquoi ne t'a-t-il pas entendu parler ?

— Je me suis servi de mes pouvoirs magiques. Toi seule peux m'entendre.

— Tu peux faire ça ? C'est fabuleux ! s'écria-t-elle en embrassant sa tête soyeuse. Allons vite retrouver tante Émilie. Le petit déjeuner doit être prêt. Je parie que tu meurs de faim après ton long voyage.

Le chiot acquiesça d'un jappement impatient. Et son estomac gargouilla.

Camille repartit vers la maison avec un sourire radieux. Elle ne risquait plus de s'ennuyer au Diable-Vauvert avec son nouveau compagnon !

3

— Je me demande d'où il vient, murmura tante Émilie d'une voix songeuse quand Camille lui présenta Foudre. La ferme est loin de toute habitation.

Camille tourna les yeux vers le chiot qui dévorait un bol de croquettes sous le regard attentif de Bella, couchée dans son panier.

— Il a dû être abandonné. Et connaissant ta gentillesse, ses anciens propriétaires espéraient sans doute que tu le récupérerais, tante Émilie !

— Je déteste les gens qui maltraitent les animaux, déclara Quentin.

— Moi aussi ! acquiesça Camille.

C'était bien la première fois qu'ils tombaient d'accord.

Ils s'assirent à la table de la cuisine et s'attaquèrent au copieux petit déjeuner disposé devant eux.

— Le moment me paraît mal choisi pour avoir un chiot dans nos jambes, remarqua l'oncle de Camille. Nous croulons sous le travail et personne n'aura le temps de le dresser. Il vaudrait mieux l'amener à la SPA.

Camille sentit son cœur s'arrêter. Il ne parlait pas sérieusement !

Bella poussa un aboiement rauque comme pour protester. Elle se leva et boitilla jusqu'à Foudre. Celui-ci frétilla et remua la queue pendant qu'elle le reniflait. Le regard de la vieille chienne s'adoucit et elle se mit à lui lécher la tête.

Le visage de Quentin s'illumina.

— Vous avez vu ça ? Bella nous fait comprendre qu'elle accepte de s'occuper de lui. Elle ne le laissera pas courir partout, vous pouvez compter sur elle. Bravo, ma vieille Bella !

Tout le monde se mit à rire.

Camille regarda son oncle et sa tante.

— Alors, il peut rester ? Il dormira avec moi et je le remmènerai à la maison quand mes parents viendront me chercher.

— Dans ce cas, je suis d'accord, acquiesça oncle Olivier. Et toi, Émilie ?

Sa tante se contenta de hocher le menton.

Camille se leva d'un bond pour les embrasser.

— Oh, merci !

Elle était si contente qu'elle était prête à pardonner à Quentin le mauvais tour qu'il lui avait joué. Mais, avant, elle devait avoir une petite explication avec lui.

Elle profita de la promenade des chiens pour aborder le sujet.

— J'attends tes excuses. C'était très méchant de me pousser dans l'enclos de Nestor !

Il écarquilla les yeux.

— Quoi, tu m'en veux encore pour ça ! Les filles, ça n'a vraiment aucun sens de l'humour ! Faut toujours que ça se plaigne pour rien.

— Et vous, les garçons, faut toujours que vous fassiez des bêtises ! Nestor a bien failli me donner un coup de tête. Et si Fou… euh… c'est fou la chance que j'ai eue ! se rattrapa-t-elle au dernier moment.

Heureusement, Quentin ne l'écoutait pas. Il s'était arrêté et observait Bella qui avançait à pas lents, tête basse, loin derrière eux.

— Allez, viens, ma belle, l'appela-t-il gentiment.

Au son de sa voix, elle voulut accélérer l'allure, mais ses pattes arrière ne la soutenaient plus et elle s'assit.

— Son état ne s'arrange pas ! soupira son jeune maître, l'air soucieux.

La colère de Camille contre son cousin s'envola. La vue de la vieille chienne malade l'emplit de tristesse.

— Je vais la chercher, jappa Foudre, l'œil brillant.

Le chiot courut rejoindre Bella. Il geignit pour l'encourager, lécha son museau gris. Haletante, elle resta immobile. Il s'aplatit devant elle, l'arrière-train en l'air, pour l'inviter à jouer.

Quentin sourit.

— Tu perds ton temps, mon pauvre Foudre, s'écria-t-il d'un ton plein de chagrin. Il y a longtemps que Bella ne poursuit plus personne.

Camille lui tapota le bras d'un geste compatissant.

— Oh, laisse-moi ! la repoussa-t-il avant de s'essuyer les yeux d'un revers de manche.

Stimulée par Foudre qui continuait à courir dans tous les sens, Bella réussit enfin à se relever. Elle repartit en boitant, accompagnée par le chiot qui caracolait autour d'elle.

Quentin se pencha pour lui caresser les oreilles quand elle arriva près de lui.

— Bravo, ma belle !

— Merci, Foudre, chuchota Camille. Quentin est peut-être le roi des casse-pieds, mais il adore sa chienne.

Ils revinrent tous les quatre vers la ferme en silence.

— Tu veux visiter la laiterie ? proposa Quentin alors qu'ils rentraient dans la cour.

Camille haussa les épaules.

— D'accord. Mais je croyais qu'on n'avait pas le droit d'y aller sans permission.

— Pas de problème. J'ai prévenu maman.

Quentin ouvrit la porte d'un bâtiment en brique à côté de l'étable.

— Les toutous sont interdits, en revanche. Reste là, Bella.

La chienne obéit aussitôt.

— Tu veux bien m'attendre aussi, Foudre ? murmura Camille. Je reviens tout de suite.

Le chiot s'allongea près de Bella et posa son museau sur ses pattes.

Quentin sourit.

— Foudre apprend vite. Il copie tout ce que fait Bella. Il a l'esprit vif !

Camille sourit. S'il savait !

Elle fut surprise par la fraîcheur qui régnait dans la laiterie et impressionnée par sa propreté. Elle contempla les plans de travail blancs, les appareils étincelants et les énormes réfrigérateurs, prenant bien soin de ne rien déranger.

On ne pouvait pas en dire autant de Quentin !

— Ça fait très longtemps que je ne suis pas venu ici ! s'exclama-t-il, attiré par une grosse machine en forme de tambour. Je me demande à quoi elle sert, murmura-t-il en tripotant les boutons.

On entendit un gargouillement inquiétant.

— Tu crois que c'est une bonne idée d'y toucher? s'inquiéta Camille.

— Oh, la peureuse! Panique pas! Tu vois, je remets le cadran comme il était.

Hélas, le gargouillement augmenta.

Floc! floc! Splach! Soudain, un torrent de lait jaillit d'un tuyau et se répandit sur le sol.

— Oh non! s'affola Quentin qui se mit à tourner le cadran dans tous les sens.

Pétrifiée, Camille fixait la flaque de lait qui s'étalait autour de ses bottes.

— Fais quelque chose, Quentin!

— Mais j'essaie!

Au même instant, la porte s'ouvrit à la volée et tante Émilie fit irruption dans la laiterie. Comprenant d'un regard ce qui se passait, elle se précipita vers la machine et appuya sur quelques boutons. Peu après, le flot de lait s'arrêta enfin.

Émilie se tourna vers les deux enfants, hors d'elle.

— C'est Camille qui m'a dit de faire ça ! s'écria Quentin sans laisser le temps à sa mère d'ouvrir la bouche.

— Moi ? Jamais de la vie ! protesta Camille.

— Bien sûr que si ! N'essaie pas de t'en tirer en…

— Taisez-vous ! hurla sa mère. Vous me décevez beaucoup, les enfants. Vous n'avez pas le droit de venir ici sans permission !

Camille fusilla son cousin du regard. Elle avait très envie de raconter à sa tante comment il lui avait menti, mais elle n'avait jamais été une cafteuse et elle n'allait pas commencer aujourd'hui.

— Tu connais parfaitement le règlement de la maison, Quentin. J'attends tes explications.

Quentin haussa les épaules.

— Faut pas t'énerver, m'man. On a juste renversé un peu de lait. Ça sera pas long à nettoyer.

Le visage de sa mère s'assombrit.

— Ah, tu crois ça ? Eh bien, on va voir. Ne bougez pas !

Elle pataugea dans le lait jusqu'à un placard d'où elle sortit des serpillières et des seaux. Elle les tendit à Quentin et à Camille.

— Et je veux que le sol soit impeccable, vous m'entendez ? Je dois aller faire les courses, mais je reviendrai dans une heure. Et si tu touches quoi que ce soit d'autre, Quentin, je… je t'étripe !

Elle sortit comme une furie. Quelques secondes plus tard, ils entendirent une voiture démarrer.

Camille poussa un gros soupir de soulagement. Elle n'avait jamais vu sa tante dans une colère pareille.

— Mince ! J'ai cru qu'elle allait exploser !

— Oh, maman ne reste jamais fâchée très longtemps. Elle aura tout oublié ce soir. Ça t'ennuie pas si je te laisse nettoyer ? Je dois voir mon père de toute urgence, ajouta-t-il en courant vers la porte, projetant du lait partout.

— Hé, attends ! Reviens ! protesta-t-elle.

Quentin avait déjà disparu.

Camille considéra les dégâts avec consternation. Il y avait du lait partout : sous les comptoirs, autour des appareils, jusque sous la porte... Elle ne savait pas par où commencer.

— Merci beaucoup, Quentin ! marmonna-t-elle.

Elle regrettait de ne pas avoir dit la vérité à sa tante.

— Je vais t'aider, Camille, aboya Foudre depuis le seuil de la porte.

Camille sentit un picotement familier parcourir son dos.

Il allait se passer quelque chose !

4

Un scintillement illumina la fourrure noir et blanc du chiot. Ses oreilles et sa queue crépitèrent.

Il leva une patte et projeta dans la laiterie une gerbe d'étincelles dorées qui bourdonnèrent comme un essaim d'abeilles laborieuses.

Pop ! pop ! pop ! pop ! Une armée de balais à franges apparut et se mit au garde-à-vous. À un signal imperceptible, ils avancèrent en rang serré tout en épongeant le sol. Flic, flac, floc ! Puis ils s'essorèrent ensemble au-dessus de leurs seaux.

Camille applaudit, aux anges.

— C'est génial !

En un rien de temps, le sol fut nettoyé. Les balais se remirent au garde-à-vous et disparurent dans une nouvelle pluie d'étincelles.

Camille se pencha pour caresser son petit compagnon.

— Waouh ! Merci, Foudre, tu as été fantastique !

— Il n'y a pas de quoi. Pourquoi Quentin n'est-il pas resté pour t'aider ?

— C'est justement la question que je me pose. Il a prétendu qu'il devait parler à son père de toute urgence. J'en ai assez de ce menteur ! Viens, allons le chercher. Je vais lui dire deux mots.

Foudre l'approuva d'un jappement joyeux.

Au moment où elle pénétrait dans la maison, un bruit de voix lui parvint du salon :

— C'est inhumain de laisser Bella dans cet état !

s'exclama son oncle. Elle souffre et peut à peine marcher. Il est temps de prendre rendez-vous chez le vétérinaire pour la faire endormir.

— Oh, non, je t'en prie, papa ! Attends encore un peu ! le supplia Quentin, la voix brisée par le chagrin.

— Je suis désolé, Quentin. Mais si tu aimes vraiment Bella, tu dois accepter de mettre un terme à ses souffrances. Nous devons agir au mieux pour elle. Nous en reparlerons demain, proposa gentiment son père.

— D'accord, mais ça ne changera rien. J'laisserai jamais personne l'endormir !

Camille s'éloigna sur la pointe des pieds, un peu honteuse d'avoir écouté aux portes.

— Viens, Foudre ! s'écria-t-elle en se dirigeant vers la cuisine, toute sa colère contre Quentin envolée.

Son cousin avait beau se montrer odieux avec elle, il n'avait pas mérité ça.

— Finalement, Quentin disait la vérité, pour une fois, soupira-t-elle. Il devait réellement parler à son père. Bella est sans doute au plus mal pour qu'oncle Olivier envisage de la faire endormir. La pauvre !

Foudre hocha tristement la tête.

Camille s'agenouilla pour caresser Bella, couchée en boule dans son panier, bien au chaud. La vieille chienne remua la queue. Camille sentit des larmes lui monter aux yeux.

— C'est affreux de souffrir autant. Sans cette douleur, elle aurait encore de longs mois de vie heureuse devant elle.

Foudre dressa les oreilles.

— Je vais essayer de l'aider.

— C'est vrai ? Tu pourrais lui rendre sa jeunesse ?

— Je regrette, Camille. Aucune magie ne peut faire cela ! aboya-t-il doucement.

Il se plaça devant Bella.

Une fois de plus, Camille sentit un picotement parcourir son dos.

Un scintillement illumina la fourrure du chiot tandis que ses oreilles et sa queue crépitaient. Il souffla sur la vieille colley une nuée d'étincelles. Pendant quelques secondes, de la poussière d'or voleta autour d'elle comme de minuscules lucioles, avant de disparaître dans sa fourrure.

Camille attendit, mais rien ne se passa. Bella semblait toujours la même avec son museau gris et ses yeux ternes.

Les efforts de Foudre restaient apparemment sans effet.

— Ce n'est pas grave. Tu as fait ce que tu pouvais. La magie ne résout pas tous les problèmes, dit-elle à Foudre, cachant de son mieux sa déception alors que la dernière étincelle s'éteignait. Allons voir Quentin pour lui remonter le moral.

Une lueur dansant dans son regard, Foudre se contenta de hocher la tête.

— Tu as un cœur d'or, Camille.

— Tout le monde ferait pareil, répondit-elle en rougissant.

Les compliments l'embarrassaient toujours.

Quentin était assis sur le canapé. Derrière lui, Camille aperçut la vitrine où étaient exposés les trophées et les coupes que son oncle avait remportés aux concours de labour.

Oncle Olivier était devant son ordinateur. Il leva la tête et sourit en les voyant.

— Mais d'où sortez-vous, tous les deux ?

— Eh bien… j'ai fini de nettoyer les dégâts dans la laiterie. Et je me disais que Quentin aurait peut-être envie de venir se promener avec nous.

Oncle Olivier se tourna vers Quentin en fronçant les sourcils.

— Que s'est-il passé dans la laiterie ?

— Euh... rien ! répondit-il en se levant d'un bond et en prenant sa cousine par le bras. Viens, Camille ! Allons voir si maman a besoin de nous pour ranger les courses.

— Mais elle n'est pas encore rentrée ! protesta Camille alors qu'il la poussait sans ménagement dans le couloir.

Quentin baissa alors la tête d'un air accablé.

— Faut que je te dise... papa veut emmener Bella chez le vétérinaire pour... pour...

— Je sais. J'ai surpris votre conversation, le coupa-t-elle, la gorge serrée. Je suis désolée.

— Bien sûr, Bella est vieille, mais je ne suis pas prêt à la laisser s'en aller. Mais papa a l'air tellement... Oh, c'est pas vrai, regarde-la ! s'écria-t-il en montrant la cuisine.

— Quoi ? s'écria Camille en se retournant d'un bond.

Elle vit Bella sortir de la pièce d'un pas alerte, la fourrure soyeuse, l'œil vif et brillant.

La chienne s'approcha de Quentin et sauta pour qu'il la caresse.

— Ouaf ! aboya-t-elle en remuant la queue.

— C'est un vrai miracle ! s'exclama Quentin. Elle ne boite même plus.

Quand elle se dressa sur ses deux pattes arrière, il la serra dans ses bras et enfouit son visage dans son épaisse fourrure, fou de bonheur.

Bella poussa un petit jappement joyeux et lui donna un grand coup de langue sur le visage.

— Attends que papa voie ça ! jubila Quentin. Il ne voudra plus l'emmener chez le véto !

Camille rit de joie en les voyant tous les deux. Elle se pencha pour caresser Foudre.

— Encore un grand merci, cette fois de la part de Quentin et de Bella. Grâce à toi, ils vont passer un merveilleux été ensemble.

Foudre remua la queue, tout content, lui aussi.

5

— J'ai l'impression que c'est grâce à l'arrivée de ce chiot si Bella a repris goût à la vie, déclara tante Émilie en débarrassant la table du déjeuner, le lendemain midi.

Camille, qui l'aidait à mettre les assiettes sales dans le lave-vaisselle, sourit intérieurement. Sa tante ne croyait pas si bien dire !

Oncle Olivier terminait son café. Quentin rentrait après avoir porté des restes à la porcherie. Quant à Foudre, il était étendu de tout son long sous la table. Soudain, une lueur espiègle illumina son regard. Il bondit au milieu de la pièce et se mit à galoper autour de la table, les oreilles en arrière, la queue en panache.

Allongée dans son panier, Bella dressa les oreilles et se jeta à sa poursuite. Foudre l'esquiva et sauta dans le panier qu'elle venait de libérer. Quelques secondes plus tard, elle le rejoignait et les deux chiens se blottissaient l'un contre l'autre.

Tout le monde rit de bon cœur.

— Qui va à la chasse perd sa place ! s'esclaffa Quentin. On dirait une mère et son petit.

Ils entendirent alors un fracas assourdissant. Un camion s'arrêtait devant la maison. Quentin courut à la fenêtre.

— Oh, papa, le tracteur est arrivé ! s'écria-t-il avant de se ruer dehors.

Son père et sa mère sortirent à leur tour. Camille les suivit en se demandant quelle était la cause de toute cette agitation.

Elle aperçut un gros semi-remorque qui transportait un tracteur rouge. Son oncle sortit et, avec le chauffeur, ils entreprirent de le décharger. Quelques minutes plus tard, le tracteur trônait au milieu de la cour.

— Il est super chouette, hein ? s'écria Quentin qui n'arrêtait pas de tourner autour de l'engin, les yeux brillants.

— Oui, il n'est pas mal, répondit-elle en haussant les épaules, sans bien comprendre la raison de son enthousiasme.

— Pas mal ? répéta Quentin. Tu plaisantes ? C'est un Massey Ferguson de 1950 !

— Mais il est très vieux ! Il roule encore ?

— Attends de le voir à l'œuvre ! gloussa son oncle. Je compte sur lui pour remporter le concours de labour, en catégorie tracteurs anciens, dans quelques semaines.

— Papa est champion régional de labour, déclara fièrement Quentin.

Camille trouvait bizarre qu'on décerne des prix à des gens qui traçaient des lignes bien parallèles dans un champ. Ils ne devaient pas beaucoup regarder la télévision, par ici !

Son expression moqueuse n'avait pas échappé à Quentin.

— Le labour exige un grand savoir-faire, figure-toi ! se hérissa-t-il, vexé. Papa me laisse m'entraîner de temps en temps et je commence à me défendre.

Je passerai mon permis dès mes quatorze ans. Et je pourrai participer au championnat, moi aussi.

— Tu t'en sors honorablement, mais tu as encore beaucoup de progrès à faire, précisa son père.

— Je sais, marmonna Quentin.

Son père lui tapota l'épaule.

— Un petit coup de jet ne serait pas du luxe après son voyage. Il est couvert de poussière. Y a-t-il des volontaires ?

— On s'en occupe avec Camille, lança Quentin. Hein, Camille ?

Elle fit la grimace. Elle ne voyait vraiment pas ce qu'il y avait de drôle à laver un tracteur. Enfin, comme son cousin, pour une fois, semblait d'excellente humeur, elle n'osa pas refuser.

— D'accord.

Mais à la moindre pique, elle le laisserait tomber !

Ils allèrent chercher des seaux, des éponges et du détergent.

Foudre se coucha un peu plus loin, le museau sur les pattes, tandis qu'ils se mettaient au travail.

— Il y a deux sortes de labours, tu sais, expliqua Quentin tout en nettoyant le capot du tracteur.

Le labour en planche et le labour à plat, avec charrue réversible. Il faut être très doué pour tracer des sillons bien réguliers. Il y a même des championnats du monde. Peut-être qu'un jour papa sera assez fort pour y participer.

Camille ne répondit pas. Elle frottait une tache de graisse sur le garde-boue.

— Hé ! Tu m'écoutes ? brailla Quentin en lui jetant de l'eau savonneuse.

— Qui est là ? répondit Camille avant de l'éclabousser à son tour.

Elle n'eut que le temps de bondir en arrière. Une éponge gonflée d'eau lui passa sous le nez.

— Raté !

Les jets d'éponge se poursuivirent. Camille, plus petite et plus agile que Quentin, évitait ses tirs et elle visait bien. En quelques secondes, Quentin se retrouva trempé.

— Ah, tu l'auras voulu ! rugit-il en s'emparant du seau quand elle courut se cacher derrière le tracteur.

— T'es pas cap ! répliqua-t-elle en armant son bras pour tirer.

Au même moment, un nuage d'étincelles lui arracha l'éponge des mains et la projeta avec violence sur Quentin, qui la reçut en pleine figure.

Sous le choc, il fut projeté en arrière, trébucha et tomba sur les fesses en renversant le seau sur lui.

Camille éclata de rire. Elle se tourna vers Foudre qui souriait de tous ses crocs et agita le doigt pour le gronder gentiment.

— Désolé, Camille. J'ai eu peur qu'il te fasse mal, jappa-t-il.

Quentin se releva de mauvaise humeur, les cheveux mouillés, la goutte au nez, l'œil mauvais.

Pourtant Camille, malgré tous ses efforts, n'arrivait pas à retrouver son sérieux.

— Si tu te voyais ! gloussa-t-elle.

Soudain, Quentin éclata de rire à son tour.

— Joli coup ! Surtout pour une fille ! Viens, allons chercher de l'eau propre.

Camille le suivit en songeant que son séjour à la ferme devenait de plus en plus agréable.

Elle n'en revenait pas du changement d'attitude de Quentin. Jamais il n'avait été aussi gentil avec elle. Et tout ça parce qu'ils avaient fait une bataille d'eau et qu'elle avait gagné !

« Décidément, je ne comprendrai jamais les garçons », pensa-t-elle alors qu'ils finissaient de nettoyer le tracteur.

6

Camille regardait sa tante traire les chèvres. Foudre s'était allongé sur la paille fraîche, devant les enclos. Elle poussa un soupir. Il avait plu presque tous les jours depuis son arrivée. Et on entendait de nouveau de grosses gouttes tomber sur le toit.

— Je commence à en avoir assez de cette météo pourrie ! gémit-elle.

Émilie sourit.

— On finit par se faire à tout quand on travaille dans une ferme. Les chèvres, elles détestent le froid et l'humidité. Voilà pourquoi je les ai laissées dans l'étable, mais j'espérais bien pouvoir les remettre dehors. Ce sera pour un autre jour ! Tiens, et si tu essayais de les traire ? proposa-t-elle devant l'air dépité de sa nièce.

— Je n'y arriverai pas.

— Viens, n'aie pas peur. Ce n'est pas très difficile et Daisy est une bonne laitière.

Sa tante lui montra comment prendre le pis et le presser, doucement mais fermement, avec un seul doigt à la fois.

Camille prit une profonde inspiration. La joue appuyée contre le flanc de Daisy, elle suivit les instructions avec un peu de maladresse. À sa grande surprise, le lait se mit à gicler dans le seau.

— Ça y est ! J'y arrive ! s'écria-t-elle, ravie.

Bientôt, Camille se sentit devenir une véritable experte. Une fois le seau rempli, elle le transvasa dans un bidon métallique, avec fierté.

— C'était génial. Je vais demander à mes parents si on ne pourrait pas avoir quelques chèvres. Comme ça, papa cessera de râler contre les mauvaises herbes et nous aurons plein de lait à offrir à nos amis.

— Hum… Tu oublies qu'il faut les traire deux fois par jour, été comme hiver, sept jours sur sept, qu'il pleuve ou qu'il vente, lui rappela sa tante en souriant.

Camille haussa les sourcils.

— En fait, je crois que je préfère boire du lait en bouteille et laisser papa se débrouiller avec ses mauvaises herbes.

Sa tante se mit à rire.

Un grand fracas leur parvint du fond de l'étable, suivi d'un bêlement triomphant et d'un bruit de sabots.

— C'est Nestor ? s'inquiéta Camille. Mais qu'est-ce qu'il fait ?

— On dirait qu'il a encore réussi à sauter hors de son enclos, soupira sa tante. Depuis plusieurs jours, je suis obligée de le tenir enfermé à cause de la pluie et il a de l'énergie à revendre. Ça va être une vraie corrida pour le rattraper.

— Tu veux que je t'aide ?

— Va voir où il est parti pendant que je ferme l'étable.

— Je m'en charge ! aboya Foudre qui filait comme une flèche.

Camille se précipita à sa suite. Arrivée au pied des meules de foin, elle découvrit le bélier perché au sommet de la pile.

— Regarde-le ! gloussa-t-elle. Il se prend pour le maître du monde !

Nestor bêla comme s'il l'approuvait, visiblement très satisfait d'avoir grimpé si haut.

Foudre se dressa sur ses pattes arrière et s'appuya sur la paille en remuant la queue.

— Grrr ! gronda-t-il, une lueur coquine dans les yeux.

— Attention, Foudre, cette pile a l'air instable ! murmura Camille au moment même où Nestor, d'une poussée sur ses puissantes pattes postérieures, sautait par-dessus leurs têtes.

Le ballot au sommet oscilla dangereusement et bascula vers le chiot.

Camille écarquilla les yeux d'horreur. Foudre fixait Nestor, qui venait d'atterrir à quelques mètres d'eux. Il ne voyait pas la meule de paille qui allait l'écraser !

Sans hésiter, Camille plongea sur lui, le saisit à deux mains et roula sur le côté. Le ballot s'écrasa dans un nuage de poussière à l'endroit où le chien se tenait l'instant d'avant.

Serrant toujours Foudre contre elle, Camille se releva, un peu sonnée.

— Ça va ? demanda-t-elle au petit chien qui semblait sous le choc, lui aussi.

— Oui. Tu m'as sauvé la vie, Camille. Merci, aboya-t-il avant de lui donner un coup de langue sur le menton.

— Je ne m'en remettrais jamais s'il t'arrivait malheur, dit-elle en caressant tendrement ses oreilles toutes douces.

Pendant ce temps, sa tante avait passé une corde autour du cou de Nestor qui semblait calmé et le ramenait vers son enclos. Elle fronça les sourcils en voyant le ballot de paille.

— J'ai entendu du bruit, mais je n'ai pas compris ce qui se passait avec tout le raffut que faisait Nestor. Vous n'avez rien ? Quelle chance ! Ce ballot aurait pu vous écraser !

— Non, il est tombé loin de nous, la rassura Camille.

— Je suis soulagée ! Tes parents ne me le pardonneraient jamais si tu avais un accident pendant ton séjour ici. Je vais demander à Olivier de s'en occuper dès que j'aurai attaché ce vilain bélier. Il est vraiment imprévisible.

Camille retint un sourire. « Il n'est pas le seul ! » songea-t-elle.

— Je suis désolé, Quentin, je n'ai pas le temps de t'accompagner aujourd'hui, dit oncle Olivier. On verra ça plus tard. J'ai l'intention de dégager le champ en haut de la colline pour qu'on puisse s'entraîner au labour.

— Oh, papa ! Tu as déjà pris le Ferguson plusieurs fois. Quand est-ce que je pourrai l'essayer ?

Camille écoutait leur conversation, assise devant la fenêtre du salon. Foudre était roulé en boule sur un coussin à côté d'elle, épuisé par leur mésaventure dans l'étable. Son oncle et son cousin discutaient dans la cour.

— Quentin rêve de conduire ce vieux tracteur, mais oncle Olivier le trouve beaucoup trop gros pour lui, expliqua-t-elle à Foudre.

Le chiot remua les oreilles et acquiesça d'un air endormi.

Deux minutes plus tard, Quentin fit irruption dans la pièce et se laissa tomber sur le canapé près de Camille.

— Attention ! Tu as failli t'asseoir sur Foudre ! s'écria-t-elle.

— Désolé, répondit-il en caressant distraitement le chiot. Mon père exagère ! Il ne veut pas que je me serve du Ferguson sans lui. Pourtant, je suis sûr d'en être capable.

Camille décida de faire comme si elle n'avait pas entendu.

— Il ne pleut plus. Si on allait jusqu'au village avec Foudre et Bella ? proposa-t-elle pour lui changer les idées.

— Pour faire les magasins ? ricana-t-il. Je préfère emmener Bella se promener dans les champs. Tout seul ! ajouta-t-il en détachant ces mots.

Camille comprit le message.

— Comme tu voudras, répondit-elle en haussant les épaules.

Elle appela Foudre et se dirigea vers la porte.

— Où vas-tu ? demanda son cousin d'une voix cassante.

Elle se retourna et fit mine de ne pas lui répondre.

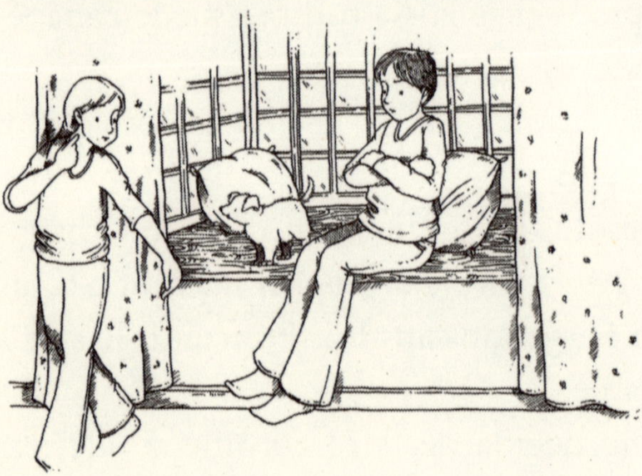

Quentin leva les bras au ciel, se leva d'un bond et partit à grands pas en marmonnant que les filles lui cassaient les pieds.

— Eh bien, Quentin est redevenu comme avant, murmura-t-elle. Sa bonne humeur n'aura pas duré bien longtemps !

Foudre acquiesça en clignant des yeux.

— Si on allait quand même au village, toi et moi ? Je suis certaine qu'on trouvera un magasin qui vend des biscuits pour chiens.

Foudre aboya d'excitation et faillit s'étaler en se prenant les pattes dans le tapis tant il était pressé de partir.

7

Tante Émilie faisait cuire du pain et la maison embaumait.

Camille, bien installée dans la cuisine, lisait un magazine d'informatique qu'elle avait acheté au village. Elle sentait contre ses pieds le petit corps tiède de Foudre qui mâchouillait une friandise en forme d'os.

Il avait encore plu, mais le soleil commençait à percer derrière les nuages.

Soudain, des aboiements et des grondements déchirèrent le silence. Camille tendit l'oreille, aux aguets. Les hurlements lui avaient paru venir de très loin, mais ils avaient déjà cessé si bien qu'elle se demanda si elle n'avait pas rêvé. Et sa tante n'avait rien remarqué, apparemment.

— Où est Quentin ? demanda-t-elle.

— Dans le champ du haut, avec Bella, répondit tante Émilie. Ton oncle a commencé à y travailler avec le Ferguson et la vieille charrue.

Camille se pencha discrètement.

— Je t'emmènerai les voir plus tard, Foudre, chuchota-t-elle. Inutile d'espérer que Quentin revienne avec Bella tant que son père labourera.

Pas de réponse.

Intriguée, Camille regarda sous la table. Foudre était parti en abandonnant son os à moitié rongé.

Bizarre ! Il ne s'éloignait jamais sans la prévenir.

Elle se lança aussitôt à sa recherche.

Pas de trace de Foudre dans le salon ni dans les autres pièces du rez-de-chaussée. Elle monta dans sa chambre, s'attendant à le trouver roulé sur sa couette, mais il n'y était pas non plus.

— Foudre ? appela-t-elle, un peu inquiète.

Un faible cri lui parvint du lit. Camille rabattit le haut de sa couette en riant. Seule une petite queue noir et blanc dépassait de son oreiller.

— À quoi tu joues ? À cache-cache ?

Elle s'interrompit en constatant qu'il tremblait de tout son corps.

— Qu'est-ce qui t'arrive ? Tu es malade ?

Foudre s'enfouit plus profondément.

— Ténèbre a retrouvé ma piste. Et il a ensorcelé les chiens du voisinage pour qu'ils m'attaquent, murmura-t-il.

— Oh non ! Ce sont sans doute eux que j'ai entendus. Il faut te trouver une meilleure cachette. Tu serais peut-être plus à l'abri dans l'étable… ou dans…

— Non, il vaut mieux que je ne bouge pas, gémit le chiot, son beau regard saphir voilé d'angoisse. Laisse-moi seul, s'il te plaît. Ils passeront peut-être sans me voir.

— Très bien. Si tu insistes. Mais Bella ? Crois-tu que les sortilèges de Ténèbre auront de l'emprise sur elle aussi ? chuchota-t-elle, très inquiète à l'idée que la brave colley se retourne contre lui.

— Non, j'ai utilisé mes pouvoirs pour la soigner et cela devrait la protéger des maléfices de Ténèbre, répondit-il d'une petite voix avant de se rouler en boule sous l'oreiller.

Camille dissimula sa queue et arrangea soigneusement la couette. Personne ne pouvait deviner qu'il se cachait là. Elle sortit en espérant de tout son cœur que Foudre échapperait à ses poursuivants. Pourvu qu'il ne soit pas obligé de disparaître !

L'inquiétude lui coupa l'appétit. Après avoir avalé quelques bouchées de salade de tomates et de gratin de chou-fleur, elle demanda à sa tante la permission de sortir de table.

— Ça ne va pas ? s'inquiéta tante Émilie.

— Si, très bien, merci. Mais je n'ai pas faim.

Quentin, lui lança un regard interrogateur et parut sur le point de dire quelque chose, puis il se ravisa. Il finit de manger et se leva d'un bond.

— Si tu venais avec Foudre voir ce que nous avons fait, papa et moi ? Nous avons déjà labouré une bonne partie du champ. J'y retourne avec Bella. Accompagne-nous, si tu veux.

— J'irai vous rejoindre plus tard, répondit-elle distraitement.

— Comme tu voudras, marmonna-t-il avant de faire signe à sa chienne de le suivre.

Camille s'attarda dans l'entrée, le cœur lourd. Elle n'osait pas remonter dans sa chambre de peur de découvrir que son ami était parti pour toujours.

Soudain, une petite boule noir et blanc dévala l'escalier.

— Ohé, Camille !

— Foudre ! Tu es encore là ! s'écria-t-elle en le serrant dans ses bras, folle de joie.

Tout frétillant, il lui lécha le visage.

— Je ne sens plus les chiens, ils ont dû s'éloigner. Mais s'ils reviennent, il faudra que je disparaisse instantanément. Nous n'aurons peut-être pas le temps de nous dire au revoir.

— Je comprends, murmura Camille d'une voix abattue.

Pourtant, au fond d'elle-même, elle continuait à espérer qu'il ne la quitterait jamais, même si elle savait qu'il devrait un jour rejoindre sa mère et prendre la tête du clan de la Lune Griffue.

Elle décida de changer de sujet.

— Ça te dirait d'aller voir oncle Olivier donner des leçons de labour à Quentin ? Désolée, je n'ai rien de plus passionnant à t'offrir, ajouta-t-elle avec une grimace.

Le regard de Foudre s'illumina, comme chaque fois qu'elle lui proposait une balade.

« Où est oncle Olivier ? » se demanda Camille alors qu'ils approchaient du champ. Elle ne voyait que Quentin et Bella devant le tracteur rouge et la charrue qui y était attelée.

Quentin lui fit de grands gestes.

— Hé, je ne t'attendais plus ! lança-t-il l'air agréablement surpris.

Bella aperçut Foudre qui avançait la truffe au ras du sol, occupé à renifler la moindre touffe d'herbe. Elle remua la queue et courut vers lui en jappant gaiement.

— J'ai pensé que ça serait sympa. Et Foudre adore jouer avec Bella.

— Super ! Tu vas avoir une leçon de labourage. Regarde bien !

À ces mots, Quentin sauta sur le siège du conducteur et démarra.

— Non, Quentin, arrête ! cria Camille, se souvenant des instructions de son oncle. Tu n'as pas le droit de le conduire tout seul !

— Je sais ce que je fais ! rétorqua-t-il, vexé. Et, de toute façon, je ne vais tracer que quelques sillons. Papa est descendu chercher de l'huile, il ne s'en apercevra même pas. Sauf si tu caftes, ajouta-t-il en la dévisageant.

— Merci pour la confiance ! Depuis le temps, tu devrais savoir que c'est pas mon genre !

Gêné, Quentin acquiesça avec un petit sourire moqueur. Puis il se concentra et, les mains fermement serrées sur le volant, fit lentement avancer le tracteur. Le soc métallique de la charrue s'enfonça dans la terre couverte de mauvaises herbes et la retourna, traçant un beau sillon rectiligne bordé de mottes de terre grasses.

Camille fut fascinée malgré elle par ce spectacle. Quentin, penché pour surveiller ses roues arrière, dessinait une ligne droite parfaite. Le nouveau sillon suivait fidèlement son voisin.

Camille comprit alors que les labourer demandait beaucoup d'adresse.

— Tu es doué ! cria-t-elle à son cousin, impressionnée.

Il lui sourit, appréciant le compliment.

— Je ne suis pas mauvais, mais faut reconnaître que j'ai été initié par un expert : mon papa !

Soudain, Foudre releva la tête ; ses yeux lançaient des éclairs. Il se mit à aboyer furieusement et à courir devant les roues du tracteur.

— Arrête ! Arrête ! cria-t-il.

— Quentin ! hurla Camille. Fais attention à Foudre !

— Mais qu'est-ce qui lui prend ? Rappelle-le !

Camille plissa les yeux. Foudre n'était pas du genre à commettre des imprudences sans raison. Cependant, elle n'avait pas le temps de chercher à comprendre.

— Viens ici, Foudre ! Tu vas te faire écraser !

Mais il ne l'écoutait pas et continuait à aboyer de toutes ses forces. Il se rapprocha encore des roues en grondant et en montrant les dents. Une roue le frôla en projetant une pierre sur lui. Il poussa un hurlement de douleur.

— Quentin ! Attention ! paniqua Camille.

Affolé, Quentin donna un coup de volant pour éviter le chiot. Puis il arrêta le Ferguson en catastrophe et sauta à terre.

— Regarde ce sillon. Il n'est plus droit ! Tout ça par la faute de ton chien !

Foudre n'avait pas bougé d'un centimètre et haletait, le souffle court.

— Attends ! Qu'est-ce que c'est que ça ? s'exclama Camille en apercevant un objet à moitié enseveli dans la terre que Quentin s'apprêtait à retourner.

Elle s'approcha et découvrit un tube en métal marron, dont l'extrémité était en pointe. Son cœur cessa de battre.

— Je crois que c'est une bombe !

8

Son cousin courut vers elle.

— Qu'est-ce que tu racontes ! bougonna-t-il, mais il sursauta en voyant le mystérieux objet : Oh, tu as raison ! On dirait bien un obus. Il doit être là depuis des siècles. Regarde comme il est rouillé. Il doit être inoffensif.

— Ce n'est pas ce que Foudre avait l'air de penser.

Quentin hésita et se mordilla la langue, ennuyé.

« Il a peur de se faire gronder quand son père comprendra qu'il a conduit le tracteur », songea Camille.

— Quentin, il est peut-être dangereux. Il faut absolument prévenir ton père !

— Tu as raison. Allons-y !

Camille prit Foudre dans ses bras et ils partirent en courant vers la ferme.

Par chance, ils tombèrent sur oncle Olivier qui sortait de la grange, un bidon d'huile à la main.

— Hé, y a pas le feu ! plaisanta-t-il.

Son sourire s'effaça dès que Quentin et Camille lui expliquèrent les faits.

— Bravo, les enfants. Vous avez très bien réagi. Il ne faut pas plaisanter avec ces vieux obus. Je préviens tout de suite les pompiers et j'alerte les voisins, ajouta-t-il en sortant son téléphone portable de sa poche. Quentin, tu veux bien aller avertir ta mère, s'il te plaît ?

Le garçon hocha la tête, le visage pâle d'angoisse.

Il commençait seulement à saisir la gravité de la situation. Et maintenant qu'ils se trouvaient tous à bonne distance de l'engin, Camille s'aperçut qu'elle aussi tremblait comme une feuille.

— Heureusement que tu as détecté la présence de cette bombe, chuchota-t-elle à Foudre. Et tu as été très courageux de te jeter devant les roues du tracteur, au risque de te faire écraser.

— Il fallait bien que j'arrête Quentin. Et je ne pouvais pas me servir de ma magie puisqu'il me voyait.

Camille et Foudre sortirent dans la cour avec Quentin, Bella et tante Émilie quand les pompiers arrivèrent dans un hurlement de sirènes. Les fermiers voisins et leurs familles vinrent bientôt les rejoindre.

Camille ne quittait pas des yeux le champ en haut de la colline où clignotaient à présent les lumières bleues des véhicules d'intervention. Des hommes tendirent du ruban jaune et noir autour du périmètre et condamnèrent l'accès au champ.

— Si Foudre n'avait pas couru vers moi, j'aurais roulé sur l'obus, murmura Quentin en caressant le chiot. Merci, mon vieux. Tu m'as sauvé la vie.

— Tout le plaisir était pour moi, Quentin, aboya Foudre en agitant la queue.

Camille fut la seule à comprendre ses paroles. Très fière de lui, elle lui adressa un grand sourire.

Oncle Olivier s'approcha de son fils et posa la main sur son épaule.

— Je devrais te punir sévèrement d'avoir conduit le Ferguson malgré mon interdiction !

— C'est pas ma faute ! Camille m'a..., commença Quentin, prêt à accuser sa cousine, puis il baissa la tête. Non, Camille m'a bien dit que tu me l'avais défendu, et elle avait raison. Je suis désolé, papa.

— Comme toujours, soupira son père. Enfin, tout est bien qui finit bien. Si c'était moi qui avais retourné le champ, j'aurais sans doute aperçu l'obus trop tard.

Quentin blêmit en prenant conscience de ce qui aurait pu arriver. Il resta un instant silencieux, puis son visage s'illumina.

— Si je t'ai sauvé la vie, ce serait injuste de me punir !

— J'abandonne ! murmura son père en levant les yeux au ciel.

— Regardez, quelqu'un agite un drapeau rouge ! remarqua Camille.

Au même moment, le portable d'oncle Olivier sonna.

— Écoutez-moi tous, dit-il dès qu'il eut raccroché. Ils vont faire exploser l'obus. N'ayez pas peur, la situation est sous contrôle. Nous ne risquons rien ici.

BOUM ! Une déflagration déchira le silence.

Camille s'y attendait, mais elle ne put s'empêcher de sursauter. Une grosse gerbe de terre jaillit du sol, bientôt suivie par un énorme nuage de fumée noire.

— Ouais ! Bravo ! cria Quentin.

L'assistance applaudit en poussant des cris de joie. Tout danger était écarté !

— Pas question de continuer à retourner ce champ tant que les démineurs ne l'auront pas inspecté, précisa oncle Olivier. Tu m'entends, Quentin ?

— Je ne remonterai pas là-haut avant longtemps !

Quentin était sincère, cette fois ; Camille le voyait bien. Il avait beaucoup changé depuis son arrivée et elle commençait à bien l'aimer.

— Venez donc à l'intérieur ! lança tante Émilie. Je vais préparer du chocolat chaud, et il y a du gâteau maison.

Tout le monde entra dans la ferme. Quentin appela Bella. Camille était sur le point de les suivre quand Foudre jappa de terreur et s'enfuit vers l'étable.

Camille entendit un grondement féroce et se retourna d'un bond. Deux molosses déboulaient dans la cour, ventre à terre. À la vue de leurs crocs démesurément longs et de leurs yeux pâles, elle sentit la peur la submerger.

Ténèbre avait retrouvé la piste de Foudre et les avait ensorcelés !

Sans prendre le temps de réfléchir, Camille s'élança. Elle croyait savoir où trouver le chiot : dans l'enclos de Nestor. En effet, quand elle franchit la porte de l'étable, elle le vit disparaître dans le fond.

Lorsque les chiens entrèrent à leur tour, un grognement furieux les accueillit : Nestor bondit par-dessus sa clôture et atterrit devant eux. Le bélier se mit à gratter le sol d'un air menaçant et chargea. Bing! Bang! Il leur décocha deux coups de tête dans le ventre, ce qui permit à Foudre de gagner un temps précieux.

Il y eut un éclair aveuglant, et une pluie d'étincelles retomba autour de Camille. Foudre apparut, non plus sous l'aspect d'un chiot, mais en jeune loup argenté aux grands yeux saphir. À son côté se tenait une imposante louve au regard doux.

Camille comprit que Foudre allait la quitter.

Celui-ci la regarda avec tristesse.

— Tu as un cœur d'or, Camille, ne change pas! Tu as été une merveilleuse amie, murmura-t-il de sa voix de velours.

Il leva une patte en guise d'adieu. Les deux loups s'estompèrent progressivement puis disparurent.

Un rugissement de rage retentit dans son dos. Camille se retourna. Leurs dents et leurs yeux redevenus normaux, les deux chiens s'enfuirent.

Camille, abattue de chagrin, n'arrivait pas à croire que Foudre ait pu partir si vite. Bien sûr, elle était soulagée de le savoir sain et sauf, mais il allait tellement lui manquer !

— Je ne t'oublierai jamais, Foudre, chuchota-t-elle, la gorge nouée.

Elle se souviendrait toujours des moments fabuleux passés en compagnie de ce chiot magique.

Elle entendit un piétinement derrière elle et se retourna. Nestor s'approchait doucement et frotta son museau contre son bras.

— Tu as été très courageux, Nestor ! Foudre serait fier de toi, dit-elle en le caressant avant de le ramener à son enclos. Mais revoilà le soleil ! Je vais aller demander à tante Émilie si je peux te mettre au pré.

Le bélier bêla joyeusement comme s'il avait compris.

— Tu parles encore toute seule ? entendit-elle Quentin glousser derrière elle. Je te cherchais partout. Je t'ai gardé un morceau de gâteau.

« Décidément, Quentin aura toujours le dernier mot », songea-t-elle, convaincue que Foudre les observait, ses grands yeux saphir brillant de satisfaction.

TABLE